幼児の楽しい運動遊びと身体表現

めざせガキ大将

圭文社

はじめに

　幼児の身体発達に警鐘が鳴らされて、半世紀が過ぎようとしている。私達は、幼児の体格と運動能力の測定を1969年から2009年まで10年間隔で行ってきた。その結果、体格が向上し、走る、跳ぶなどのエネルギーを出す運動能力は、あまり変化していなかった。しかし、ボール投げ、ボール受け、片足立ち、逆上がりなどの身体操作系・道具操作系の運動能力は、低下傾向が続いていた。これは、幼児の生活や遊び環境の悪化によって、身体活動量や遊びの質が低下したことが原因であり、幼児期に育つべき身体機能の発達が遅れ、不器用といわれる幼児が増加し続けていることを意味している。

　このような子どもの現象に気づいた日本学術団体や発育発達学会などが、子どもの生活・遊び環境の改善をめざして提言や取り組みを開始している。しかし、今すぐにしなければならないことは、幼児が日常的に行っている園や家庭における遊びの質と量の改善から着手することである。

　現在、幼児にとって最も適した生活・遊び空間は、幼稚園や保育園であり、遊びに必要な環境条件が整っている場所である。そこには遊びに不可欠なリーダ役の保育者がいる。このような環境の中で、保育者は子どもと信頼関係を築きながら、楽しい遊びを十分に体験させ、豊かなこころとしなやかな身体が育つように支援する必要がある。

　しかし、保育現場では、楽しい運動遊び体験の少ない保育者が増加し、研修会や養成校での学生指導を期待する声が多いことも事実である。

　本書は、保育士、幼稚園教諭養成課程の学生や現職の保育者たちが、現代のガキ大将をめざし、子どもを元気にする理論と実践力が習得できるように考慮して執筆したものである。

　内容は、幼児が楽しい運動遊びや身体表現を豊かに体験し、しなやかな身体の育ちが生涯の財産となるような遊びを精選するとともに、まわりの世界に興味や関心を持つ意欲を育てるような遊びが多く含まれるようにした。また、運動種目の選択は、幼児期に最も重要な知覚-運動行動の発達を促すことを中核にすえた。そして、幼児の身体情報処理系の発達を考慮して、遊びに含まれる運動は身体操作系の運動、道具操作系の運動、集団的な遊びやゲーム系の運動、歌を伴う身体表現に分類して紹介した。さらに、障がい児の発達を促す運動遊びと、自然環境保育による心身の発達に有用な実践を紹介した。

　本書の構成は、幼児の発達の現状や運動指導に必要な理論編と運動遊びの指導法や環境構成などの実践編からなっている。遊びの具体的な説明は、幼児期に育てたい心情・意欲・態度のねらいを例示し、遊びの結果として育つものと区別して示した。遊び方は、保育者の支援に必要な原理や原則をふまえ、イラストを使って容易に理解されるように配慮した。

　本書は保育者と保育者をめざす学生の専門的な力量の向上を目的として執筆した。しかし、まだまだ不十分なところが多いと思われるので、皆様のご批判をいただければ幸甚である。

著者代表　穐丸 武臣

もくじ

■第1章　幼児の身体発達と遊び環境の現状と問題
- 第1節　体格と運動発達の現状 ･･ 6
- 第2節　幼児の生活スタイルや遊び環境の問題 ････････････････････････････ 11
- 第3節　遊びを豊かにするガキ大将の役割 ････････････････････････････････ 15

■第2章　幼児の心身の発達を促す豊かな楽しい遊びとは
- 第1節　子どもの運動発達の過程 ･･ 16
- 第2節　運動遊びと脳の発達 ･･ 22
- 第3節　運動遊びの必要性と楽しさ ･･････････････････････････････････････ 25
- 第4節　伝承遊びの活用 ･･ 28
- 第5節　運動遊びの支援・指導のポイント ････････････････････････････････ 35
- 第6節　安全教育と管理 ･･ 37

■第3章　身体操作系の楽しい運動遊び
- 第1節　基本的な運動発達を促す動き ････････････････････････････････････ 44
- 第2節　運動器具を活用した基本の動き ･･････････････････････････････････ 49
- 第3節　固定遊具を使った運動 ･･ 55
- 第4節　こどもの体操 ･･ 59

■第4章　道具操作系の楽しい運動遊び
- 第1節　楽しいボール運動遊び ･･ 64
- 第2節　楽しい縄跳び遊び ･･ 66
- 第3節　フープを使った楽しい運動遊び ･･････････････････････････････････ 69
- 第4節　生活用品を使った楽しい運動遊び ････････････････････････････････ 70
- 第5節　道具操作系の楽しい伝承遊び ････････････････････････････････････ 72

■第5章　集団による楽しい運動遊び
- 第1節　いろいろな鬼ごっこ ･･ 78
- 第2節　集団によるボール運動 ･･ 83
- 第3節　歌を伴う伝承遊びと身体表現 ････････････････････････････････････ 89
- 第4節　集団による伝承遊び ･･ 94

■第 6 章　楽しい水遊び

　第 1 節　水慣れ ……………………………………………………………… 98
　第 2 節　呼　吸 ……………………………………………………………… 100
　第 3 節　沈　む ……………………………………………………………… 101
　第 4 節　浮く進む …………………………………………………………… 102
　第 5 節　グループ遊び ……………………………………………………… 105

■第 7 章　おとなと楽しむ運動遊び

　第 1 節　乳児期 ……………………………………………………………… 106
　第 2 節　幼児期 ……………………………………………………………… 113

■第 8 章　障がい児の理解と楽しい運動遊び

　第 1 節　障がい児の理解 …………………………………………………… 116
　第 2 節　障がい児の運動指導 ……………………………………………… 117

■第 9 章　運動会の種目・遊び

　第 1 節　かけっこ・リレー（3 〜 5 歳児）……………………………… 124
　第 2 節　対抗ゲーム（3 〜 5 歳児）……………………………………… 126
　第 3 節　表現・リズムダンス（2 〜 5 歳児）…………………………… 127
　第 4 節　組体操（3 〜 5 歳児）…………………………………………… 128
　第 5 節　親子のふれあい（2 〜 5 歳児）………………………………… 132

■第 10 章　自然環境保育で心身を育てる

　第 1 節　園内における自然と遊ぶ ………………………………………… 134
　第 2 節　身近な自然の中で遊ぶ …………………………………………… 138
　第 3 節　野原・里山の自然の中で楽しく遊ぶ …………………………… 139

　資料 1　幼児の運動能力測定 実施要項 …………………………………… 146
　資料 2　幼児の生活習慣・リズム・環境等に関する調査票（保護者対象）…… 150
　引用・参考文献一覧 ………………………………………………………… 156
　著者一覧 ……………………………………………………………………… 158

第1章 幼児の身体発達と遊び環境の現状と問題

第1節 体格と運動発達の現状

　幼児教育において、子どもたちの体力や運動能力の低下が心配されている。その対策の一環として発育発達学会では、子どもの発達を理解して、運動指導ができる人材の養成を目的に、幼少年体育指導士認定制度を発足させた。

　幼児のからだの発達を促す対策を考える場合には、まず幼児の体格と運動能力の現状を正確に把握することが必要である。幼児の体格と運動能力の時代的変化を知るために、2009年5月に愛知県内の3歳児から6歳児（3300名）を対象に体格と運動能力の調査を行った。そして1969年（2471名）、1979年（4092名）、1989年（977名）、1999年（4233名）の資料と比較検討した。ここでは、6歳児男女の測定結果を表1-1-1に示した。6歳児の月齢は平均73ヶ月（6歳1ヶ月）で、標準偏差は0.8月であるから、生まれ月による誤差は少ないデータと言える。

1. 体格の年代変化（表1-1-1）

　男子の体格は40年前に比べて身長が1.1cm、体重が1.0kg増大した。女子は身長が0.4cmの減少、体重が1.1kg増大した。身長の年代による増加率は鈍化の傾向が見られた。しかし、体重は男女とも増大の傾向が認められた。

2. 定量的運動能力の年代変化（表1-1-1）

　定量的運動能力とは、ストップウオッチやメジャーで計られる運動能力のことである。この運動能力に関して、過去40年間で最も記録の良かったのは1979年であった。そこで、30年前の子どもと今回の測定結果を比較した。その結果（図1-1-1・図1-1-2）、6歳児男子では「ケンケン跳び」「縄跳び」「ボールつき」の記録はやや向上の傾向を示した。しかし、「20m走」「立ち幅跳び」「テニスボール投げ」「懸垂」「片足立ち」の記録は低下の傾向を示した。女子の場合、記録の向上を示した項目は「立ち幅跳び」「ケンケン跳び」「縄跳び」であった。低下した項目は「20m走」「テニスボール投げ」「懸垂」「片足立ち」「ボールつき」の項目であった。

表1-1-1　幼児の定量的運動能力の年代比較 6歳児（愛知県 1969～2009）

測定項目	測定年	男子			女子		
		人数	平均	標準偏差	人数	平均	標準偏差
年齢（月）	1969	132	73.2	1.06	114	73.1	1.00
	1979	317	73.4	1.11	268	73.5	1.07
	1989	58	73.6	1.21	59	73.6	1.12
	1999	119	72.6	0.50	132	72.5	0.76
	2009	242	73.0	0.80	234	73.0	0.82
身長（cm）	1969	132	111.5	3.71	114	112.1	3.92
	1979	317	112.8	3.98	268	111.8	4.10
	1989	58	113.7	4.51	59	112.1	3.90
	1999	117	112.9	4.95	131	111.9	4.90
	2009	241	112.6	4.36	232	111.7	4.41
体重（kg）	1969	132	18.3	1.98	114	18.4	2.68
	1979	317	19.3	2.38	268	18.9	2.52
	1989	58	20.4	3.63	59	20.1	2.40
	1999	117	19.7	2.75	130	19.3	2.60
	2009	242	19.4	2.61	232	19.3	2.33
20m走（秒）	1969	132	5.3	0.36	114	5.6	0.48
	1979	317	5.2	0.49	268	5.3	0.49
	1989	58	5.1	0.38	59	5.4	0.46
	1999	118	5.3	0.59	130	5.4	0.92
	2009	232	5.3	0.58	225	5.5	0.96
立幅跳（cm）	1969	132	102.3	17.96	114	85.3	17.90
	1979	317	106.9	21.23	268	97.8	19.31
	1989	58	104.0	19.00	59	93.0	16.00
	1999	110	110.5	19.40	129	101.0	19.21
	2009	238	106.8	17.54	227	100.0	17.70
テニスボール投（m）	1969	132	10.5	2.48	114	6.1	1.75
	1979	317	10.6	3.96	268	6.8	2.23
	1989	58	8.4	3.85	59	5.4	2.26
	1999	108	7.9	3.05	114	5.8	1.84
	2009	235	8.4	3.53	225	5.8	1.73
反復横跳び（回）	1969	132	7.2	1.27	114	4.8	2.83
	1979	317			268		
	1989	58	8.8	2.32	59	9.7	8.19
	1999	110	9.9	2.58	117	9.9	2.67
	2009	238	9.7	3.23	227	10.2	2.94
ケンケン跳び（m）	1969	132	32.9	34.39	114	32.7	14.75
	1979	317	31.0	13.46	268	33.2	13.46
	1989	58	37.6	12.98	59	38.5	13.26
	1999	114	32.5	15.12	127	38.6	11.61
	2009	228	34.3	14.29	221	37.4	12.76
縄跳び（回）	1969	132	0.7	0.94	114	3.1	3.17
	1979	317	4.8	4.04	268	8.2	3.21
	1989	58	4.6	4.64	59	7.0	5.23
	1999	116	4.5	3.83	127	7.3	3.82
	2009	231	5.0	4.03	221	8.3	3.37
懸垂（秒）	1969	132	87.1	31.55	114	85.6	34.85
	1979	317	75.7	39.03	268	79.5	38.25
	1989	58	59.0	38.07	59	66.8	38.65
	1999	115	63.0	37.36	126	72.9	37.83
	2009	232	57.9	36.92	223	66.4	38.76
片足立ち（秒）	1969	132	44.7	22.01	114	38.8	22.24
	1979	317	49.4	15.98	268	53.1	14.36
	1989	58	40.5	24.40	59	49.5	21.49
	1999	113	41.9	18.92	120	46.6	19.09
	2009	239	36.8	21.18	228	48.0	17.69
ボールつき（回）	1969	132	9.1	11.60	114	9.7	10.34
	1979	317	13.6	10.75	268	21.7	9.83
	1989	58	8.6	9.57	59	11.3	12.73
	1999	115	13.0	10.87	127	13.9	10.53
	2009	234	15.5	11.64	224	15.1	11.05
跳び越しくぐり（秒）	1969	132					
	1979	317					
	1989	58					
	1999	107	18.1	4.65	117	18.6	5.42
	2009	225	18.5	6.35	223	19.6	5.78

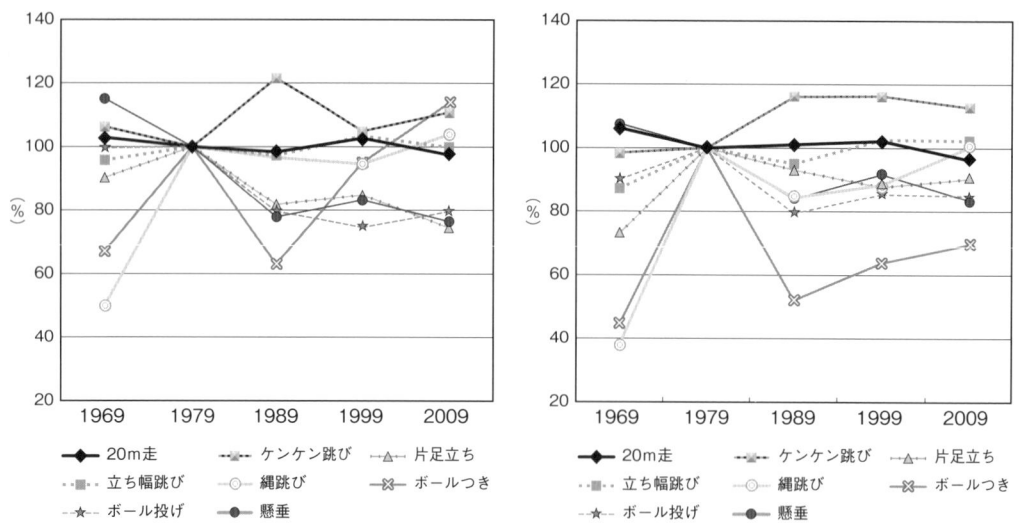

図1-1-1　2009年測定値と1979年を基準とした年代比較（6歳男子）　　図1-1-2　2009年測定値と1979年を基準とした年代比較（6歳女子）

3. 定性的運動能力の年代変化（表1-1-2、1-1-3）

　運動能力測定項目のうち、「できた」「できない」で評価される定性的運動能力の「できた」比率（以下　成就率）を30年前と比較した（図1-1-3・1-1-4）。男子の場合、向上を示した項目は「開脚跳び」だけであった。成就率が低下した項目は「ボールの的当て」「逆上がり」「ころがりボール蹴り」「ボール受け」などであった。女子の場合、成就率がやや向上した項目は「開脚跳び」だけであった。また、低下した項目は「ボールの的当て」「逆上がり」「ころがりボール蹴り」「ボール受け」などであった。

　これらの結果は次のように考えられた。定量的な運動能力のうち、体格の影響を受けるものや、成熟にしたがって向上するようないわゆるエネルギー出力系の項目も低下していることがわかった。しかし、「縄跳び」や「跳び箱」運動のように多くの園が保育教材として大事にし、子どもが喜んで取り組んでいるような運動の記録は向上を示している。

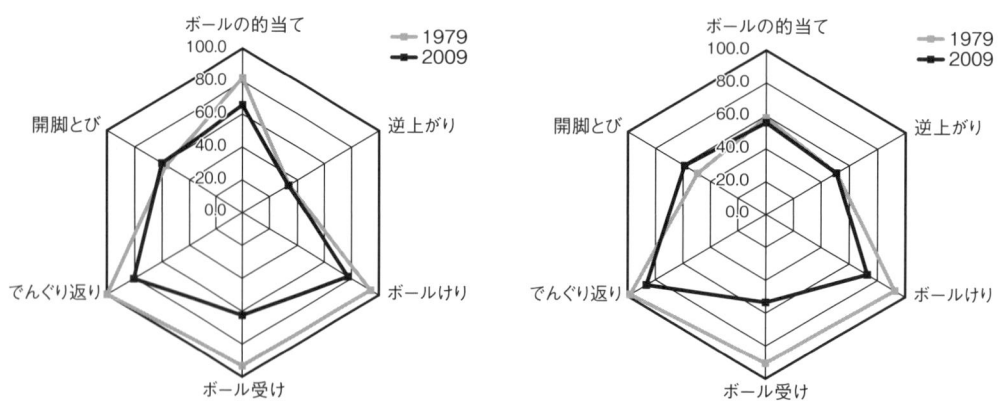

図1-1-3　定性的運動能力の成就率年代比較（6歳男子）　　図1-1-4　定性的運動能力の成就率年代比較（6歳女子）

表 1-1-2 幼児の定性的運動能力（成就率%）の年代比較（愛知県 1969～2009）　男子

年齢	測定年	測定人数	ボールの的当て 成功率(%)	逆上がり 成功率(%)	ボールけり 成功率(%)	ボール受け 成功率(%)	でんぐり返り 成功率(%)	開脚とび 成功率(%)
3歳前半	1999	231	20.4	0.0	41.5	5.9	53.2	1.6
	2009	59	9.6	0.0	45.1	7.7	56.5	0.0
3歳後半	1969	93	26.3	0.0	51.6	29.0	45.2	6.7
	1979	109	22.4	11.3	58.9	51.4	82.2	6.7
	1989	115	24.8	0.9	59.1	48.7	67.4	7.0
	1999	299	26.5	0.0	53.4	11.0	58.0	4.4
	2009	131	24.1	2.0	58.2	11.7	71.4	9.5
4歳前半	1969	225	21.4	5.3	53.3	52.7	72.7	13.5
	1979	211	32.4	5.0	76.1	60.7	95.7	15.2
	1989	82	29.3	3.7	73.2	61.7	73.6	8.3
	1999	306	44.1	1.3	58.4	16.4	69.3	11.8
	2009	153	31.8	0.0	57.2	19.7	65.8	14.2
4歳後半	1969	346	26.3	4.2	56.8	62.7	72.9	28.0
	1979	376	44.1	6.5	82.2	74.0	94.6	24.3
	1989	72	37.6	4.0	78.1	64.4	83.2	15.2
	1999	392	45.9	1.4	66.7	28.6	83.4	23.0
	2009	214	34.9	4.3	55.8	26.7	74.9	19.0
5歳前半	1969	234	42.9	16.7	76.6	68.0	70.5	47.4
	1979	843	61.8	18.2	86.8	80.7	98.1	35.4
	1989	94	32.3	13.8	77.4	59.1	91.4	23.9
	1999	374	54.7	11.3	71.3	41.6	85.6	47.4
	2009	366	45.4	17.0	70.2	41.8	81.0	40.2
5歳後半	1969	249	41.3	28.1	83.1	61.0	84.3	63.9
	1979	531	74.4	25.0	92.3	87.3	98.3	47.7
	1989	83	52.4	20.7	76.8	78.7	84.1	47.0
	1999	406	62.6	24.6	80.6	61.5	92.3	69.5
	2009	542	62.1	23.8	74.4	51.2	84.7	52.5
6歳前半	1969	132	61.4	31.8	100.0	59.1	93.2	79.6
	1979	317	82.1	33.8	94.0	93.3	99.7	57.4
	1989	58	69.0	31.8	84.5	86.2	32.8	82.8
	1999	119	62.7	23.7	65.3	65.3	91.5	73.3
	2009	234	65.5	33.3	77.6	62.5	80.6	60.3

表 1-1-3 幼児の定性的運動能力（成就率%）の年代比較（愛知県 1969～2009）　女子

年齢	測定年	測定人数	ボールの的当て 成功率(%)	逆上がり 成功率(%)	ボールけり 成功率(%)	ボール受け 成功率(%)	でんぐり返り 成功率(%)	開脚とび 成功率(%)
3歳前半	1999	171	3.4	1.4	29.8	5.0	38.6	0.0
	2009	63	13.5	0.0	46.3	8.4	50.6	6.3
3歳後半	1969	62	7.1	4.8	38.1	47.6	38.1	0.0
	1979	119	14.3	6.0	62.6	46.6	80.4	3.4
	1989	94	11.8	1.1	53.3	53.3	63.3	3.8
	1999	288	14.2	0.0	38.7	10.0	68.1	2.5
	2009	110	1.7	0.0	25.9	5.3	46.3	6.1
4歳前半	1969	171	4.4	8.8	44.6	75.0	52.6	7.0
	1979	191	22.2	6.8	76.3	61.8	91.1	8.0
	1989	72	24.3	7.0	54.2	55.6	70.3	7.6
	1999	333	19.9	2.9	41.6	13.9	64.7	7.8
	2009	145	25.7	1.5	47.0	12.7	69.5	11.6
4歳後半	1969	246	23.1	7.3	48.8	74.4	67.1	12.2
	1979	365	25.7	9.4	80.9	73.7	93.9	17.0
	1989	82	23.9	4.5	73.6	50.6	77.3	5.7
	1999	392	45.9	1.4	66.7	28.6	83.4	23.0
	2009	223	28.9	10.0	48.4	25.6	80.3	21.0
5歳前半	1969	312	19.5	17.3	65.4	70.2	76.0	25.0
	1979	363	46.9	22.3	85.0	80.2	97.2	24.5
	1989	74	20.3	20.3	66.2	68.9	87.8	9.6
	1999	339	44.7	18.8	58.9	37.7	86.2	35.5
	2009	337	39.0	25.2	53.7	26.2	79.0	33.4
5歳後半	1969	279	17.4	31.2	81.7	63.4	74.2	44.1
	1979	399	56.8	43.4	90.4	87.9	98.3	38.1
	1989	92	27.5	39.8	73.3	57.8	86.8	26.4
	1999	411	52.1	28.5	65.0	48.6	89.9	58.1
	2009	511	43.9	36.8	60.9	40.3	79.2	40.3
6歳前半	1969	114	32.4	21.1	79.0	60.5	73.7	60.5
	1979	268	58.7	50.8	92.5	90.6	98.1	49.6
	1989	59	35.1	51.7	75.0	70.7	88.1	32.2
	1999	132	54.7	30.5	65.1	50.4	87.7	60.8
	2009	242	55.8	50.7	72.9	53.5	86.5	59.0

「ボール投げ」のような運動は、単純に体格の大型化や成熟だけで記録が向上するものでなく、腰―上体―肩関節―肘関節―手首関節などの円運動が、大きな関節から次第に小さな関節へ順序良く伝わって、最終のスナップ運動からボールがリリースされるまでつながって初めて良い投球動作となる。このような複雑な運動は、当然長い繰り返しの運動学習が必要となってくる。また、「ボールつき」回数は男子で向上しているのに対して、女子は30年前に比べて記録が低下し続けている。ボール運動は視覚と手や足の協応能を育てるために大切な知覚-運動系の能力を育てる運動である。幼児のボール運動遊びの少なさが、身体能力の発達に大きな影響を与えている。

　また、「懸垂」や「片足立ち」の持続時間の低下は、成人であれば筋力や筋持久力、平衡機能の低下問題として論じられるが、幼児の場合は成人の解釈とは少し違った解釈ができる。これらの運動遂行には精神的な要素が大きくかかわっている。すなわち、「きつい」、「苦しい」、「頑張る」などの意志や意欲である。幼児の場合はこれらの意志力の低下がかなり影響していると推測された。

　幼児の運動能力測定項目は、幼児の身体発達のひとつの指標として選択されたものである。測定項目の内「20ｍ走」、「立ち幅跳び」「反復横跳び」「ケンケン跳び」「懸垂」「片足立ち」「跳び越しくぐり」「逆上がり」「でんぐり返り」「開脚跳び」などは自己の身体操作能力の発達状況を計ることを目的としたものである。これらの運動を実施するに際して、主としてエネルギー出力（筋力・筋持久力）に依存するものや重心位置をコントロールするもの（平衡性）、すばやく動いて、それを反復するもの（敏捷性）などに分類される。これらの動きを身体情報処理の視点から解釈すると、身体操作系の運動は自己の身体内部の骨格-筋肉感覚情報を処理することを特徴としている。また、「テニスボール投げ」「縄跳び」「ボールつき」「ボールの的あて」「ボールけり」「ボール受け」などは道具操作系の運動で、自己の身体制御に加えて道具を制御するという情報の処理が求められる。いずれにしても幼児が運動を遂行する際の情報の流れは、まず知覚系によって身体内外の情報を収集し、それを大脳で判断・解釈すると同時に目的に合った運動プログラムを作成する。その運動プログラムに従って骨格筋が活動する。良い運動プログラム作成のためには多くの運動記憶データが必要であり、このデータ蓄積は遊びや運動経験の量や質に依存している。

　これらの運動能力の低下は、知覚―運動系が関与する器官の発達が遅れていることを意味している。幼児の運動能力の発達は、生涯にわたって利用できる財産づくりといってもよい。そのためには幼児が、幼稚園や保育園で身体操作系の遊び、道具操作系の遊び、集団によるゲームなど豊かで楽しい運動遊びを十分に体験することが最も重要である。

第2節　幼児の生活スタイルや遊び環境の問題

1. 幼児の生活スタイルの変化に伴う問題点

　わが国は、この半世紀の間に急速な社会的・経済的発展を遂げてきた。それに伴い社会環境や生活環境は著しく変化し、人々の暮らしは豊かで、便利で、快適なものになってきた。その反面、運動不足、飽食、夜型生活など悪しき生活習慣を生み出すことにもなった。この生活環境の変化は、子どもの生活スタイルにも大きく影響を与えてきた。一昔前は、降園後は兄弟や近所の子どもたちと夕方まで遊び、暗くなったら帰宅し、家族団らんの夕食をとり、早い時間に就寝するという生活スタイルであった。しかし、今日においては、降園後は自宅の中で一人遊びをするか習いごとに出かけ、帰宅後はテレビを見ながら食事をし、夜遅くまでテレビをみたり、ゲームをしたりして夜更かしをするといった生活スタイルになってきている。このような子どもの生活スタイルの悪化は、基本的生活習慣を乱れさせ、不規則な生活リズム、運動不足、睡眠不足、食習慣の乱れ、排便の不規則化、低体温の増加、小児生活習慣病など様々な問題をもたらしてきている。

　幼児が健やかに成長・発達していくためには、子どもに健康的な生活習慣の三原則である「適切な運動」「調和のとれた食事」「十分な休養・睡眠」を自律的に身につけさせ、規則正しい生活リズムとして定着させていくことが大切である。

　運動遊びは、成長・発達を促す刺激となり、食欲を誘発し、心地よい睡眠へと導く大切な活動である。保育者は、幼児に健康的な生活リズムと生活スタイルを習慣づけるために、意図的、積極的に運動遊びを取り入れる保育を実践していくことが重要となる。

❶ 運動不足の生活と動くことを嫌う幼児の増加

　技術進歩に伴う便利すぎる生活、車社会の発達、少子化、住居の高層化、公園の安全性の問題などにより、近年子どもが外遊びをしなくなったといわれている。2007年に全国国公立幼稚園長会が実施した全国調査では、14%の幼児は帰宅後ほとんど屋外で遊ばないことを報告している。また、2時間以上外遊びをする幼児は6%、2時間未満―1時間以上が22%、1時間未満―30分以上が37%、30分未満が21%と、約6割の幼児が1時間未満であるとしている。

　幼児の運動量の目安となる1日の歩数量の調査では、1980年代は約12000歩であったのに対して、1990年代は8000歩、2000年は4900歩、2007年は3900歩と年代が進むに従って減少しているとする報告もある（前橋、2007）。

　幼児の外遊び時間の少なさや運動量の減少は、幼児を取り巻く生活スタイルの変化の影響と、外遊びを嫌い、屋内遊びを好む幼児が増加した現れである。

　幼児期は、中枢神経（脳）が急速に発達し、筋肉、骨格、内臓などの諸器官も活発に発育する。運動量の高い外遊びや全身を使った運動遊びは、幼児の健やかな心身の発育発達のために欠かすことはできず、その果たす役割は大きい。

❷ 夜型生活習慣と睡眠不足

　幼児にとって十分な睡眠をとることは、成長を促進し、体調を整え、覚醒時の脳の働きを活性化する大切な営みである。4・5歳児であれば午後9時に就寝し午前7時に起床する10時間睡眠を保障したい。年齢の低い乳幼児であれば、より長い睡眠時間が必要である。

睡眠調査では、午後10時以降まで起きている幼児が年々増加している傾向を伺うことができる（表1-2-1）。就寝していて当然な時間帯に起きていて、夜型の生活を送っている実態の進行がよくわかる。この生活習慣の乱れは、大人の夜型生活スタイルの影響を強く受けたものである。慢性的な睡眠不足は、寝起きが悪くなり、朝食を欠食し、保育への意欲が半減し、集中力が散漫になり、情緒が不安定になるなど、幼児の心身に与える影響は大きい。

表1-2-1　夜10時以降に就寝する幼児の割合　　（%）

	1980年	1990年	2000年	2006年	2007年
1歳児	25	38	55	6.3	
2歳児	29	41	59	28.6	
3歳児	22	36	52	51.4	39.2
4歳児	13	23	39	29.4	30.1
5歳児	10	17	40	40.9	22.0

資料：1980年・1990年・2000年：日本小児保健協会 2001
「平成12年度　幼児健康度調査報告書」（6875名）
2006年：花井　岐阜県某市内12保育園（672名）
2007年：厚生労働省 2007
「第6回21世紀出生児縦断調査の概況」（36691名）

夜型の不規則な睡眠習慣は、睡眠サイクルをコントロールする神経ホルモンであるメラトニンの分泌量を低下させ、睡眠障害を引き起こす原因となる。メラトニンは、1歳から5歳頃の幼児期に最も多く分泌されるといわれている。メラトニンの夜間分泌量を増加させるには、日中の受光量を増すことであることがわかっている。

また、脳下垂体から分泌される成長ホルモンは、睡眠に入って直後の深い眠り（ノンレム睡眠期）のときに分泌量のピークが現れる。夜更かしの不規則な睡眠習慣を続けることで成長ホルモンの分泌にも影響をもたらし、成長を蝕むことが懸念される。

不規則な睡眠習慣を規則正しいものに改善するには、日中に屋外で活発な運動遊びをさせることが効果的である。睡眠は、脳と身体を休ませ、生命維持のための大切な行為である。保育者は、夜型の生活習慣が横行している家庭生活を視野に入れて、幼児に規則正しい睡眠習慣を身につけさせるために、率先して活発な運動遊びを誘発し、子ども達を遊びの輪に引き込む取り組みを行うことが大切である。

2. 幼児の遊び環境の変化がもたらす問題

わが国が歩んできた高度な経済成長は、都市開発の名のもとに豊かな自然を激減させ、子どもの遊び場を自然環境から金属製の遊具が並ぶ公園へと変化させてきた。今日においては住居の高層化、公園の安全性の問題、少子化などにより子どもの遊び場は屋内へと移行してきている。

仙田（2008）は、子どもの遊び環境を「空間、時間、集団、方法」の4つの要素から成り、どれ一つ欠けても遊びが成立しない総合的な環境であるとしている。昔に比べて現代の子どもの遊び環境は大きく様変わりし、4つの要素は「遊び場がない」「遊ぶ時間がない」「遊び合う相手がいない」「一人遊びを好む」と、もはや遊び環境とはいえない状況になってきている。

❶ 遊び空間の変化と減少

幼児にとって遊び空間（遊び場）は、体力・運動能力を向上させ、社会性や感性、創造性を培う大切な学習の場である。

仙田（1998）は、子どもの外遊び空間を「自然スペース（野山や川）」「オープンスペース（原っぱや空き地）」「道スペース（路地や通学路）」「アジトスペース（秘密の場所）」「アナーキースペース（資材置き場など）」「遊具スペース（公園）」の6つに分類している（図1-2-1）。しかし、これら6つの遊び空間の面積は、時代とともに大きく変化してきている。岡田ら（2003）は、横浜市の調査から公園など

の整備により「遊具スペース」は増加しているが、他のスペースは1955年頃と比較すると激減しているとしている（図1-2-2）。50年前と比較すると、「自然スペース」は1/1000に、「オープンスペース」は1/20に減少している。「アナーキースペース」は、安全管理面から、すでに子どもの遊び空間から消え去ってしまっている。

どの遊び空間も子どもの想像性をかきたて、ワクワク、ドキドキする体験の場であった。しかし、現在、幼児が身近に遊べる空間は、公園だけであろう。その公園も不審者の出没など安全性の問題から、子どもたちが遠ざかっているのが現状である。自然と触れ合う遊び空間がなくなり、空地がなくなり、仲間が自然に集まる道路も遊び場ではなくなっている。

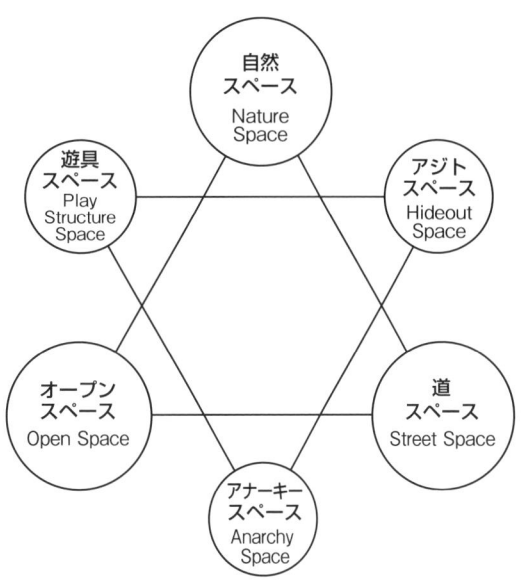

図1-2-1　6つの遊び空間　（仙田、1998）

愛知県幼児教育研究協議会（2008）が実施した遊び調査において、「保護者が送り迎えをして友だちの家で遊ぶ（21.3％）」「子ども同士が誘い合って、一緒に誰かの家の中で遊ぶ（12.2％）」など友達の家で遊ぶ子が、「子ども同士が誘い合って、一緒に外で遊ぶ（9.5％）」という子よりもはるかに多いことを示し、幼児の園外の遊び空間が仙田の示す空間ではなく「家」になってきていることがわかる。このように、幼児の遊び空間の固定化が進行する状況においては、子どもが集う園が遊び空間の役目を担う時代になってきているといえる。

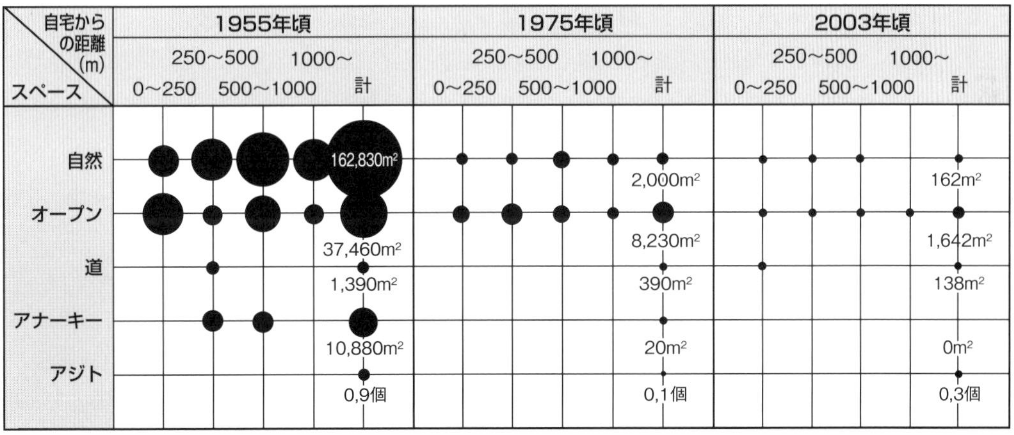

自宅からの距離(m)　スペース	1955年頃				1975年頃				2003年頃			
	0～250	250～500	500～1000	1000～ 計	0～250	250～500	500～1000	1000～ 計	0～250	250～500	500～1000	1000～ 計
自然	●	●	●	● 162,830m²	・	・	●	● 2,000m²	・	・	・	・ 162m²
オープン	●	●	●	● 37,460m²	・	●	●	● 8,230m²	・	・	●	● 1,642m²
道	・	・	・	・ 1,390m²	・	・	・	● 390m²	・	・	・	・ 138m²
アナーキー	・	・	●	● 10,880m²	・	・	・	・ 20m²				0m²
アジト				0.9個				0.1個				0.3個

図1-2-2　横浜市における遊び空間量の変化　（岡田ら，2003）

2 遊び時間の変化

幼児の祖父母が幼少の頃は、前述した遊び空間が身近にたくさんあり、外遊びが主体で活発に時間を忘れて遊んだものであった。親の世代になると習い事や塾通いをする子どもが増加し、外遊びをする時間が減少してきた。現代の子どもたちは、親の世代よりもさらに多忙になり、1週間のうちに何回も習い事に行くなど外遊びをする時間がなくなってきた。帰宅が遅くなった子

どもたちは、外遊びをする時間がなく、家の中で遊ばなくてはならない生活になってきている。ましてや、子どもの興味をそそるテレビ番組やゲーム機の急速な普及が、室内遊びを助長しているといえる。現代の子どもが外遊びを好まず、室内遊びを好む傾向になったといわれる背景には、このような子どもを取り巻く環境の変化がある。

　仙田（2007）は、屋外遊びと屋内遊びの時間の増減の変化を報告している（図1-2-3）。年々、外遊び時間が減少し、それに反して屋内遊び時間が増加する傾向を示している。特徴的なのは、1965年を境に外遊び時間と室内遊び時間が逆転していることである。1991年の結果であるが、現在もこの傾向は進行し、塾通いなどに費やす時間がさらに増加し、外遊び時間はますます減少していると推察される。

3 遊び集団の変化

　急速に進行した少子化と過熱した塾通いは、近隣に遊び仲間がいない状況をつくりだし、子どもたちは遊び集団を形成できなくなってしまった。前述したように、保護者が友達の家まで送迎しなければ遊ぶことができない、近くに遊び仲間がいない状況になっている。そのため、多くの子どもは、自宅で一人遊びをするか、兄弟と遊ぶことが多くなってきた。この実態は、愛知県幼児教育研究協議会（2008）の調査でも明らかであり、「友だちよりも、一人または兄弟や親と遊ぶことが多い」が半数近くの42.6%も占めていることからもうかがうことができる。

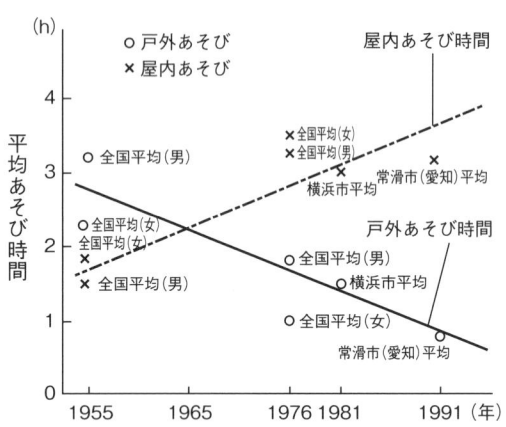

図1-2-3　子どもの遊び時間の変化　（仙田，2007）

　近年、異年齢保育を特色としている園や、異年齢集団による遊びの時間を保育に設定している園が増加している。さまざまな年齢の子どもが集まる園の機能として、同年齢の関わりは勿論のこと、異年齢の関わりができる保育を推進していかなくてはいけない時代となってきた。

4 遊び方法の変化

　子どもの好む遊びは、時代によって変化してくるのは当然なことである。超近代化・機械化を達成したわが国は、精密機器を駆使したおもちゃを氾濫させ、子どもの遊びからからだをダイナミックに器用に使う遊び、仲間と切磋琢磨する遊び、伝承的な遊びを失わせてきた。今日子どもが好む遊びは、室内で、一人でできる疑似体験型のゲーム機遊びであり、仲間の顔が見え、コミュニケーションを伴う対人的な遊びではなくなってきた。このような遊び方法の時代的な変化を裏付ける報告に、中村（2000）が行った調査がある。各世代の人が小学生時代に行っていた遊びを分析し、今日の子どもの遊びからメンコ、かくれんぼ、缶けり、ビー玉といった伝承遊びが完全に消失し、男女ともテレビゲームが第一位になってきたとしている。また、自転車、一輪車、お絵かきなど一人でもできる遊びを好むようになってきたとしている。

　近代化した現代に生きる子どもだからこそ、機械を操作する遊びに没頭させずに、子どもらしく仲間とともにコミュニケーションをとりながらダイナミックに触れ合って遊ぶことのできる遊びを行わせることが大切である

第3節　遊びを豊かにするガキ大将の役割

　幼児の身体発達を保障するために、保育園や幼稚園での生活が非常に大切であることがわかる。穐丸ら（1986）の調査によれば、運動能力の上位群と下位群の比較で、環境要因として差が認められたのは在園時間であった。すなわち在園時間の長い子が短い子どもよりも運動能力が高かったのである。

　その理由として、園には遊びの「3間（マ）」と言われる「遊び時間」「異年齢集団の仲間」、遊びに適した「空間」があり、そこには「指導者（ガキ大将役）」がいて「安全」が保障される最も恵まれた環境である。そこで子どもたちが伸び伸びと遊びを展開するためには、保育者が子どもたちの気持ちを全面的に受け止めながら、子どもの活動を援助し、良い環境を構成することができるか否かにかかっている。言い換えれば、保育者の力量に依存しているといってもよい。

　幼稚園教育要領と保育所保育指針の第一次改定は、保育者の発想の転換を求めたものであった。改定のキーワードは「環境を通して行う保育」「子どもの主体性を大切にする保育」、「遊びを通しての保育」であった。これらの保育方針の改訂によって、子どもたちの遊びが豊かに展開するようになるだろうと期待された。改定の影響について、N市の保育者を対象に調査した結果、以前よりも幼児の遊びが豊かになったと回答した保育者は約30％という低さであった。改定に示されていた「個の尊重」「自主性」などの言葉を「集団で遊んではいけない」「子どもの遊びの指導をしてはいけない」などと狭義に解釈した結果、「子どもの遊びが固定化してしまった」「遊びの広がりが無い」などの意見が多く見られた。これは、遊びが豊かに展開されるためには、子どもだけに任せてはいけないことを意味している。

　子どもの遊びの特徴は、自分が持っている遊び手段によって遊びの目的を作り出すことである。したがって、子どもが遊び手段をたくさん持つことができれば、遊びが豊かに展開される可能性は大きくなる。子どもの遊び手段は学習によって獲得される。子どもの学習を豊かにするためには保育者の支援や指導という教育的な営み抜きにはとうてい達成できないのである。

　わずか40年前の子ども達は、年長者の遊びを見よう見まねで学び、皆で楽しく遊ぶために子ども同士で色々と工夫をした。年少者や運動能力の低い子が遊びに入った場合のルールの作り方や考え方、ハンディのつけ方などを学びながら楽しい遊びを自分達のものにしてきた。そういう経験を通していろいろな遊びに必要なスキルを獲得し、身体能力を高め、しなやかな身体を形成すると同時に、弱者に対する思いやりや我慢する心を育んでいった。さらに、遊びが豊かに展開する集団には必ず頼りになるリーダー（ガキ大将）がいた。

　町内の遊びをリードするガキ大将はほとんど見られなくなってしまった。したがって、現代のガキ大将の役割は保育者が持たざるを得ない状況に至っている。ガキ大将は遊びの本質である「楽しさ」を最も良く知っていること、たくさんの遊びの手段を持ち、集まった仲間にあったルールを作り出し、思いやりと公平心を持っている心のひろい子どもの代名詞である。ガキ大将役の保育者は、まず、遊びの楽しさを十分に知っていることが必要である。そして幼児が今どのレベルの段階で遊びを楽しんでいるかを理解して、遊びの楽しさが質的に高まるような言葉がけや援助、時には全員に指導することが必要である。

第 2 章
幼児の心身の発達を促す豊かな楽しい遊びとは

第 1 節　子どもの運動発達の過程

1. 運動発達の過程

　幼児の心身の発達を促すためには、運動遊びの果たす役割は大きい。保育者は、幼児が主体的に身体を動かす態度と意欲を育み、動くことの楽しさや爽快感を体験することのできる運動遊びを設定するために、年齢に応じた運動発達の過程を理解して支援していかなくてはならない。

　幼少年期の運動発達の過程についてガラヒュー（Gallahue,1999,2003）は、4つの段階とステージを示して説明している（図2-1-1）。誕生から1歳頃までの初期の段階は、「反射的な運動」の段階である。誕生後から4カ月頃までは、モロー反射、探索反射、吸てつ反射などの原始反射によって運動が発現する。原始反射は、脳の発達とともに消失していく。4か月から1歳頃は、姿勢を保持・安定させるために無意識にコントロールする姿勢反射が発達する。第二段階は、1歳から2歳頃にみられる「初歩的な運動」の段階であり、座る、這う、立つ、歩くといった移動運動の発達や、つかむ、放つなどの随意運動が発達する。第三段階は、2歳から7歳頃の「基礎的な運動」の段階であり、歩・走・跳・投などの動きを組み合わせて、多彩な動きができるようになる。神経系の発達が著しいこの発達段階は、巧みな動きを習得するのに最も適した時期である。7歳以降は、下位段階を経て習得してきた動きを、将来のスポーツの技術や危険回避行動などの日常の運動に応用・発展させる「専門的な運動」の段階に入っていく。

　幼児期は、さまざまな運動が急速に発達し、多彩な動作を獲得していく。幼児は、獲得した動作を巧みに使い分け、身体を緻密に操作して遊びを行っている。体育科学センター（1980）は、幼児期に多種多様な動作を体験させることの重要性に着目し、84種の基本的な動作を選定している（表2-1-1）。これらの動作は、幼児が普段の生活の中で自然に行っている運動であり、身体の平衡性を保つ安定性、自分の身体を操作する移動系、身体以外のものを操作する操作性の3つのカテゴリーに分類されている。近年、子どもたちが便利過ぎる生活にどっぷり浸かり、遊び場や遊び時間がないことから運動不足に陥っていると危惧されている。積極的に動かなくても楽に過ごしていける子どもの生活環境においては、これらの動作が偏りなく行われているか疑問視される。保育者は、幼児が巧みに身体を使うことができるように、これらの動きを意図的に保育に取り入れ、積極的に運動遊びを展開していくことが重要となっている。

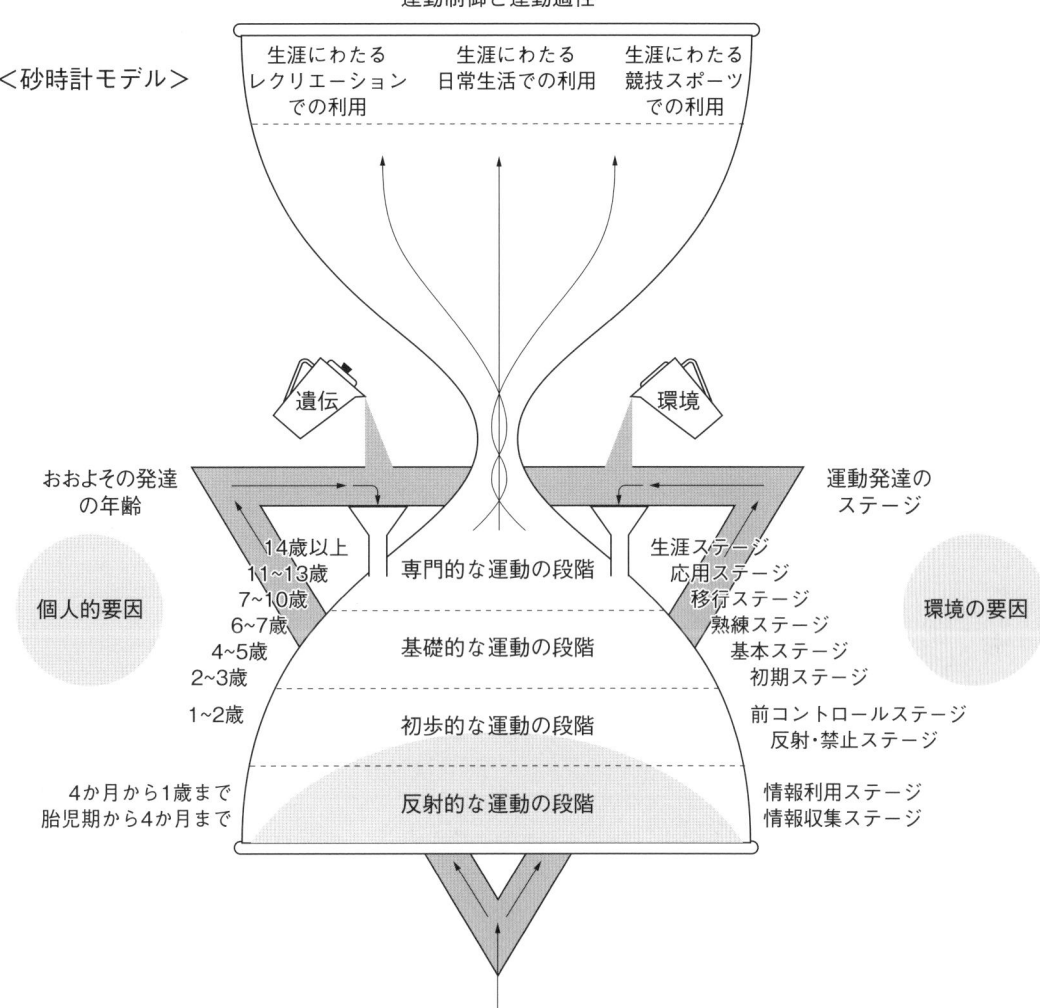

図 2-1-1　運動の発達段階と年齢区分（Gallahue, 1999, 2003 一部改変）

表 2-1-1　基本的な動作とその分類（84 種類）

カテゴリー	動作の内容	個々の動作		
Stability（安定性）	姿勢変化平衡動作	たつ・たちあがる かがむ・しゃがむ ねる・ねころぶ まわる ころがる	さかだちする おきる・おきあがる つみかさなる・くむ のる のりまわす	わたる あるきわたる ぶらさがる うく
Locomotion（移動性）	上下動作	のぼる あがる・とびのく とびつく	とびあがる はいのぼる・よじのぼる おりる	とびおりる すべりおりる とびこす
	水平動作	はう およぐ あるく ふむ	すべる はしる・かける かけっこする スキップ・ホップする 2ステップ・ワルツする	ギャロップする おう・おいかける とぶ
	回転動作	かわす かくれる くぐる・くぐりぬける	もぐる にげる・にげまわる とまる	はいる・はいりこむ
Manipulation（操作性）	荷重動作	かつぐ ささえる はこぶ・はこびいれる もつ・もちあげる もちかえる あげる	うごかす こぐ おこす・ひっぱりおこす おす・おしだす おさえる・おさえつける	つきおとす なげおとす おぶう・おぶさる
	脱荷重動作	おろす・かかえておろす うかべる	おりる もたれる	もたれかかる
	捕捉動作	つかむ・つかまえる とめる あてる・なげあてる ぶつける いれる・なげいれる	うける うけとめる わたす ふる・ふりまわす	まわす つむ・つみあげる ころがす ほる
	攻撃的動作	たたく つく うつ・うちあてる うちとばす わる なげる・なげあげる	くずす ける・けりとばす たおす・おしたおす しばる・しばりつける あたる・ぶつかる	ひく・ひっぱる ふりおとす すもうをとる

（体育科学センター　体育カリキュラム作成小委員会，1980）

2. フォームからみる基本動作の発達と変容

❶ 走運動の発達

　走運動とは、両脚が地面から離れる遊脚期がみられる運動である。2 歳頃から発現し、加齢とともに急速に洗練化され、6 歳から 7 歳頃までには成人のフォームにかなり近づく。

　宮丸（1975）は、2 歳児から 5 歳児における走運動の加齢にともなう発達変容を次のように報告している（図 2-1-2）。

①疾走中のステッピングの敏捷さは成人と変わらないレベルにあり、2 歳から 6 歳まで経年的な変容はない。

②歩幅は著しく増大する。

③滞空時間は増大し、着地時間は減少する。
④大腿の引き上げが高くなる。
⑤膝と足先の軌跡は増大し、膝の曲がらない振動動作から、大きな回転振動動作へと変容していく。
⑥前傾角が大きくなる。
⑦腕の振りは、初期は未熟な小さな動きであるが、肩関節の振動範囲が増大し、肘の曲がりも大きくなってスイング動作へと変容していく。

2 跳ぶ動作の発達

跳ぶ動作は、2歳頃から可能になってくる。

宮丸（1973）は、2歳児から6歳児の立ち幅跳びにおける跳躍動作の加齢にともなう発達変容を次のように報告している（図2-1-3）。

①跳躍準備のための深いかがみ込みから踏み切る瞬間までの踏切時間は増大する。
②踏切動作における腰、膝、脚部の関節の屈曲と伸展角度は増大する。
③踏切における両足の同時性は、2歳、3歳では片足が先行するタイプが多い。6歳では両足同時踏切が完成する。
④滞空時間は増大する。
⑤腕を振る動作は、初期では翼のように外側に引き上げるなど未熟なタイプが大半である。熟練者にみられる両腕で後方から前方への効率的なスイングは、6歳児で6割弱である。

2歳児

3歳児

4歳児

5歳児

図2-1-2　ランニングフォームの発達
（宮丸，1975）

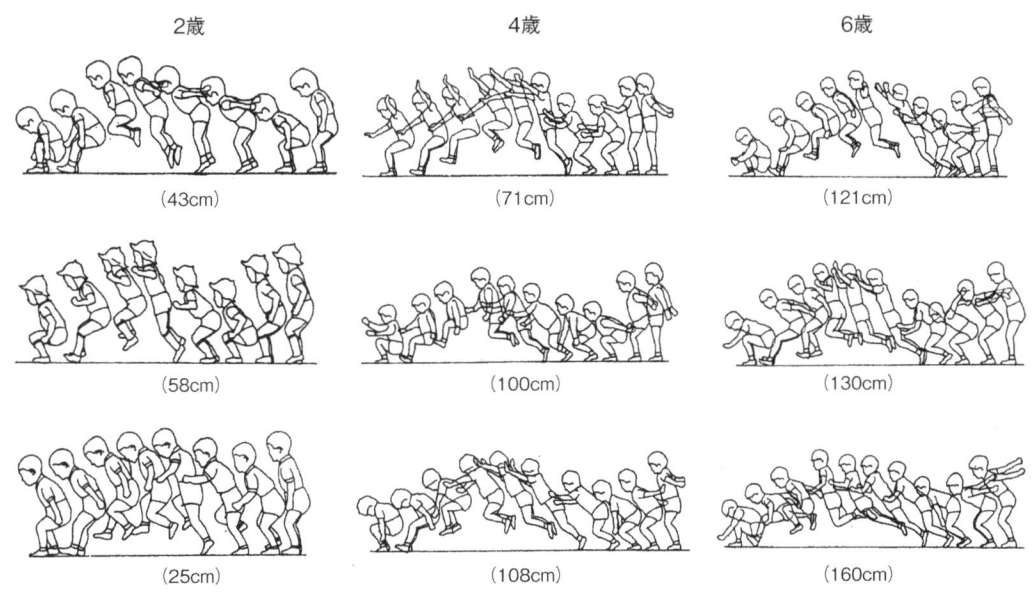

（　）は跳躍距離

図2-1-3　幼児の立ち幅跳びにおける跳躍動作の発達（宮丸，1973）

3 投げ動作の発達

　1歳頃になると物を落としたり、放ったりする動作をするようになる。2歳頃から投動作を行うようになり、6歳過ぎまでに急速に発達し変容を遂げる。

　宮丸（1980）は、1歳から6歳の幼児に片手オーバーハンドでテニスボールを投げさせ、発達パターンを6つに分類し、その出現の月齢を示した（図2-1-4）。

- パターン1：上体のわずかな前後方向の動きと手と肘の伸展だけで投げる。
- パターン2：投げ手が頭の後方へ引き上げられる動作が加わり、パターン1と同様の動作で投げる。
- パターン3：パターン2の動作に体幹の回転を加えて投げる。
- パターン4：投げ手側の脚の投方向へのステップが加わり、体重を移動して投げる。
- パターン5：投げ手と反対側の脚の投方向へのステップがあり、体重移動をしながら体幹部を捻転させて投げる。
- パターン6：構えの姿勢で野球の投手のワインドアップと左脚の引き上げが加わって投げる。

　パターン1の投動作は、男女とも2歳前後にみられるが、3歳以降は上位パターンへの移行が男児のほうが早く、6歳になるとその差は顕著になる。

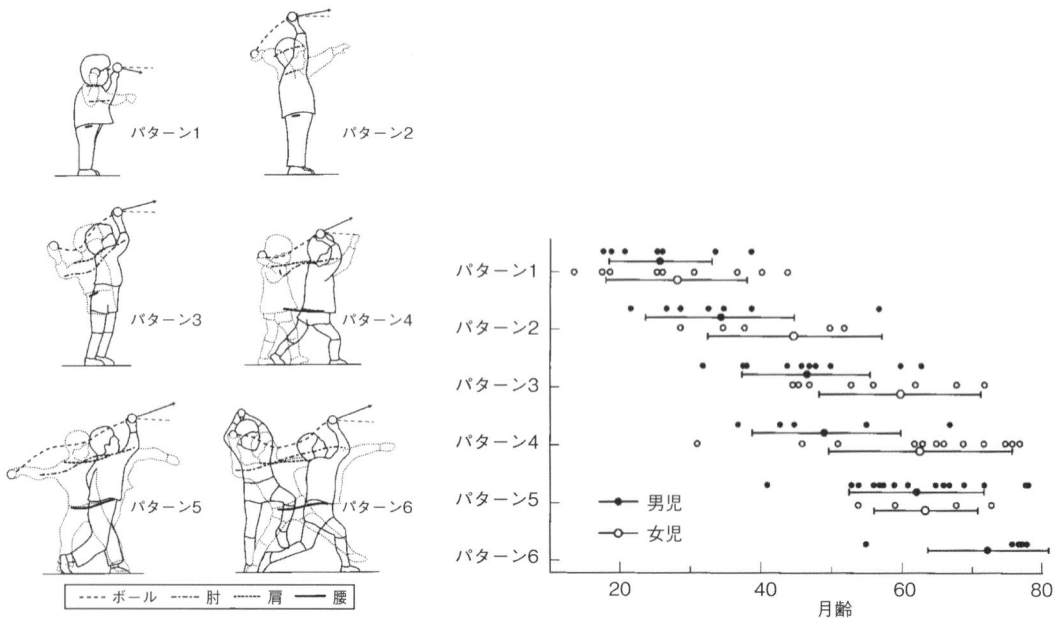

図2-1-4　投動作にみられる典型的な6つの動作パターンと出現する月齢（宮丸，1980）

4 ボール受け動作の発達

　ボール受け動作は、1歳から3歳頃までは、転がったボールを止める動作の段階である。3歳頃になると転がったボールを確実につかみ上げられるようになり、近くから投げられたトスボールを受けることができるようになる。3歳から4歳頃になるとバンドしたボールを受けることできるようになる。その後、空間を移動するボールを受けることができるようになる。

　宮丸ら（1979）は、5・6歳児の捕球動作を5つのパターンに分類した（図2-1-5）。

- パターン1：腕をまっすぐにのばして捕球しようと
　　　　　　ボールを待つが捕球できない。
- パターン2：腕を伸ばしてボールを待ち、捕球時に腕を
　　　　　　曲げてボールをすくい上げる動作である。
- パターン3：腕でつかみこむ動作である。
- パターン4：手のひらを上向きにしてボールを手のひ
　　　　　　らで捕球する動作である。
- パターン5：指先をボールの飛んでくる方に向け、
　　　　　　手のひらで捕球する動作である。

　未熟なパターン1から加齢につれてパターン5へと順次発達していく。

5 まりつき動作の発達

　道具を用いた動作は、視覚から得られた情報を瞬時に中枢神経系でプログラムし、骨格筋を動かす協調運動である。まりつきは、目と手、腕の協調が求められ、幼児期から取り組まれる運動課題である。

　宮丸ら（1983）や中村ら（1990）は、3歳から5歳の幼児にゴムボールを立位でつかせ、5つの典型的な動作パターンに分類した（図2-1-6）。

- パターン1：最初のバウンドでたたきつけるように
　　　　　　して打ち、ボールを制限エリア外に出し
　　　　　　てしまう。あるいは、最初のバウンドの
　　　　　　後でボールを捕ってしまう。移動が多く
　　　　　　ボールを打つ位置が定まらない。
- パターン2：落下して弾むボールに手を触れるが、
　　　　　　ボールに続けて力を与えることができな
　　　　　　い。移動が多くボールを打つ位置が定ま
　　　　　　らない。
- パターン3：指をピンと伸ばしてボールをたたく。
　　　　　　移動が少なくなりボールを打つ位置が定
　　　　　　まってきている。
- パターン4：手と前腕で力をコントロールしてボール
　　　　　　を押し出すようにつく。立ち位置の移動
　　　　　　がほとんどなくなり安定している。
- パターン5：バウンドを手のひらで吸収し、指先でコントロールしながらボールをつく。立ち位置の
　　　　　　移動がほとんどなくなり安定している。

　3歳児は、パターン2の動作が男児6割、女児5割と多く、次にパターン1の動作が3割を占める。4・5歳児ともパターン3が最も多い。5歳児になるとパターン4の動作が2割ほど占めるようになる。

図2-1-5　捕球動作にみられる5つの典型的なパターン　　　　（宮丸ら，1979）

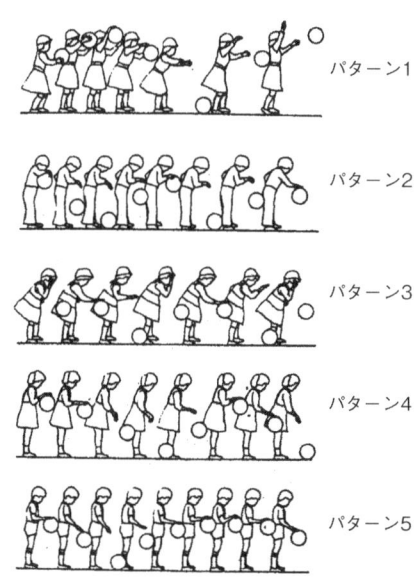

図2-1-6　まりつき動作にみられる5つの典型的なパターン　　　　（宮丸ら，1983）

第2節　運動遊びと脳の発達

1. 脳の発達と運動発達の関係

　乳幼児期は、さまざまな動きが発達する（表2-1-1）。初めて体験する動きの吸収もはやく、巧みな身のこなしを獲得しいく。この乳幼児の巧みな動きの発達は、中枢神経系（脳）の発達と密接な関係がある。スキャモンは、人間の器官の発達を4つのパターンに分け、成人の発育量を100％とし各年齢の発育量を示した（図2-2-1）。4つの器官の発育は直線的でなく、それぞれ独自のリズムをもっている。一般型（身長、体重などの形態）の発育量が思春期まで緩やかなのに対して、神経型（大脳や眼球などの発達）は誕生後一気にスパートをかけ、4・5歳で80％、就学時の6・7歳では90％に達する。この神経系の著しい発達が、身体を巧みに動かす源となり、運動神経を急速に発達させることになる。

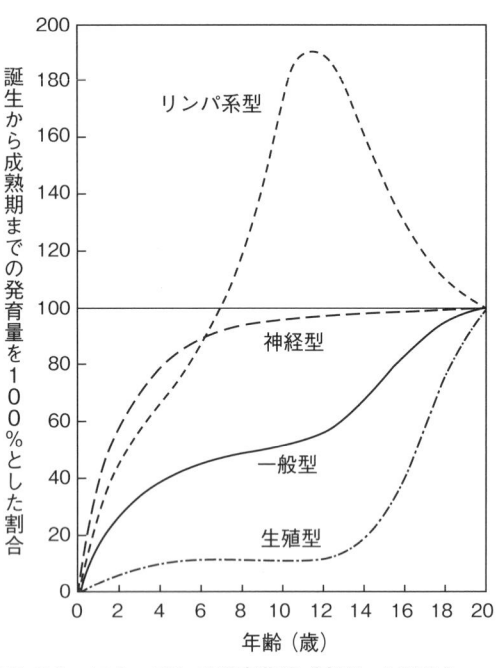

図2-2-1　スキャモンの発育曲線（高石，1981）

　脳は、膨大な数の神経細胞（ニューロン）と呼ばれる情報処理と伝達をする細胞で構成されている。大脳皮質は140億個、小脳では1000億個以上の神経細胞で構成されていると推測されている。神経細胞は、細胞体、情報を受け取る樹状突起、情報を送る軸索の3つの部分から構成されている（図2-2-2）。軸索の末端と他の神経細胞の樹状突起はシナプスを介して結合し、複雑で膨大な数の神経回路（神経ネットワーク）を構成する。図2-2-3は、樹状突起の発達と年齢との関係を示したものである（藤原，2008）。誕生直後から3カ月後では、樹状突起の発達はほとんどみられない。その後急速に発達し、2歳児頃には樹状突起が木の枝のように複雑に分岐して発達し、著し数の神経回路が形成されている。

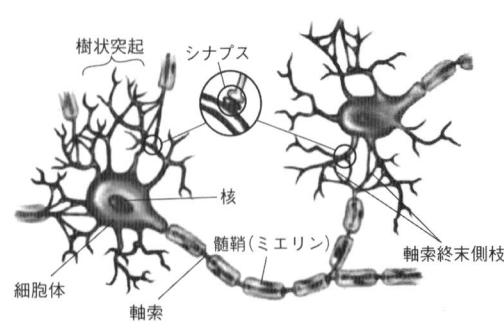

図2-2-2　神経細胞（ニューロン）の構造と連結
　　　　　　　　　　　　　　　（Carlson，2006）

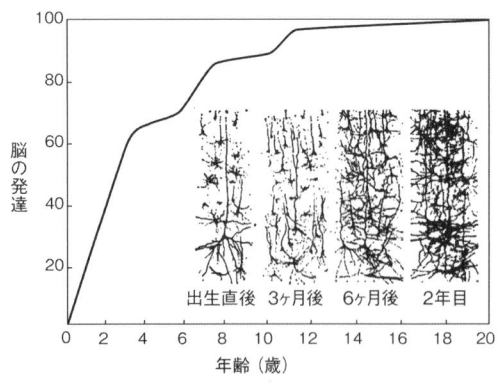

図2-2-3　脳の発達の状況　（藤原，2008）

生活環境と樹状突起の発達と密接な関係があることを示したのが図2-2-4である（藤原，2008）。異なった環境下で飼育されたネズミの大脳皮質の樹状突起の分枝の発達は、第2分枝までは飼育環境による影響の差はみられないが、第3分枝から第5分枝の数は豊富な環境で飼育したネズミの方が明らかに多く、樹状突起が発達していることを示す。樹状突起が多いということは、軸索終末の数も多いとされており、神経回路が著しく発達して信号の伝達量が増加することを示唆している。

　つまり、神経細胞の発達は、加齢的な発達だけでなく、生活環境の影響が大きいことがわかる。乳幼児期に豊富な運動遊びを行うことやさまざまな生活体験をすることは、脳の発達にとってたいへんよい効果をもたらすのである。

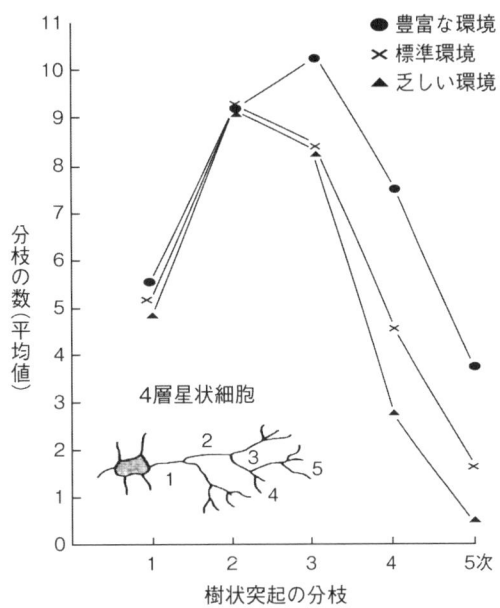

図2-2-4　異なった飼育環境による大脳皮質ニューロンの樹状突起の発達の違い　　　（藤原，2008）

2. 脳の発達と豊かな楽しい運動遊び

　幼児期にさまざまな体験を積むことは、脳を発達させ、運動神経を高めることにつながる。つまり、運動神経のよい子どもに育てるには、乳幼児期から豊富な運動体験が不可欠となる。現代社会の便利過ぎる生活環境で過ごす子どもたちにおいては、身体を巧みに動かして、工夫して生活する必要がなくなってきた。保護者も多忙な日々を送るためか、日々の親子遊びをしなくなり、テレビに子どものおもりをさせているのが現状ではないだろうか。さらに、子どもどうしの遊び環境の減少から、ダイナミックに身体を動かして遊ぶ生活が少なくなってきている。このような子どもを取り巻く生活環境が、子どもの脳神経の発達にとって良い影響を与えているとは言い難く、運動神経の高まりを阻害しているのではないかと推察される。

　春日（2009）は、幼稚園児の縦断的な体力・運動能力測定から3歳児の運動成績を3群に分け、上位群と下位群の加齢的推移を分析した。その結果、3歳児で下位群（上位群）の幼児は5歳児でも下位群（上位群）である傾向があることを報告している。つまり、入園時にはすでに運動が巧みにできる子とできない子との差が生じているということになる。誕生後から入園までの家庭での子育てのあり方や過ごし方がこの差を生じさせていることは明らかである。

　宮下（1987）は、運動能力や体力の発達を図2-2-5のように説明している。基礎・基本的な動きや巧みな動作の習得は、幼児期から9歳頃をピークにして発達し、以降その発達は緩やかになる。この発達は、まさに脳神経系の発達リズムに同調するものであり、動作を効果的に習得する時期であることを示している。一方、持久性を代表とする粘り強さは、動作の習得が緩やかになる小学校高学年頃から取り組むと効果的である。また、筋力を高めるのが効果的な時期は、ずっと後の高校生

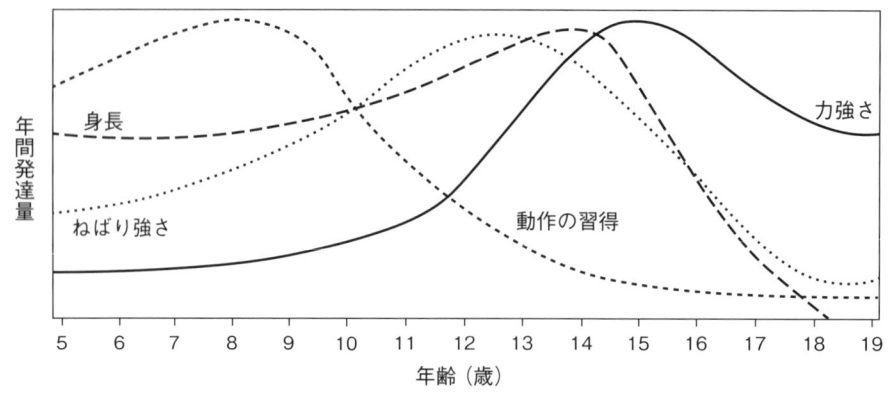
図 2-2-5　運動能力や体力の発達　（宮下，1987）

になってからである。したがって、幼児期に力強さをつけるために筋力を高めるような運動を取り入れたり、持久性を高めるために長時間走らせたりすることは、そぐわない運動である。幼児期は、神経系を豊かに発達させるためにさまざまな運動遊びを通して身体を巧みに動かすことが大切となる年齢域である。鬼ごっこは、走り続けるために一見、持久性を高める遊びであるようにみえるが、それよりも鬼から逃げようとする敏捷性、転ばないように逃げる平衡性、隠れるために身をかがめたりする巧緻性、すばやい判断力などを総合的に養うのに有効な運動遊びである。保育者は、運動遊びのもつ運動特性を見極め、ねらいをもって意図的に保育に取り入れて実践してもらいたい。

　運動が苦手なのは親ゆずりとあきらめる傾向があるが、運動神経の良し悪しは遺伝よりも環境の影響が大きい。幼児期に家庭での楽しい親子のふれあいや親子遊びを充実させ、園では保育計画に従った目的とねらいをもったさまざまな楽しい運動遊びを体験させることで運動神経の開発は期待できる。運動能力の低下に歯止めをかけ、向上させるために家庭と園が連携を図り、脳の神経回路を増加させる楽しい運動遊びをたくさん取り組みたいものである。

　運動遊びは、保育者主導で与える（押しつける）のではなく、子どもたちが自己の行動欲求として自ら動きたい、運動したい、友達と遊びたいという態度を育てることが大切である。

3. 脳を活性化し興奮と抑制をコントロールする遊び

　現代の子どもは、感情のコントロールがうまくいかず、すぐにかんしゃくを起したり（いわゆるキレル）、友だちに手加減なく暴力をふるったりしてしまう子、かけっこの合図を聞かずに走り出してしまう子など「興奮型」の子が少なくない。一方で、なかなか行動に踏み切れず、ぐずぐずした行動をみせる「抑制型」の子もみられる。この両方を繰り返す「不活発型」の子も増えている（子どものからだと心・連絡会議，2009、野井，2007a）。興奮と抑制の切り替えのうまくいかないこれらの子どもは、大脳の前頭葉の働きが育っていないといわれている。

　前頭葉の大部分を占める前頭前野は、ヒトだけが特別に大きく発達している部分で、創造、記憶、コミュニケーション、自制力などの働きをもっている。この前頭前野の感情を制御するブレーキの役割が十分育っていないために、興奮と抑制の切り換えがうまくできないのである。

　近年、子どもの感情のコントロールを育てる遊びとして、接触型遊びを代表とする「じゃれつき遊び」が注目されている（正木，2004、野井，2007b）。「じゃれつき遊び」は、仲間と接触すること

で楽しさを全身で体感する一方で、痛さを味わい、手加減を覚えるなど、前頭葉の感情の興奮過程を強めると同時に抑制過程も発達させることができるとされている。おしくらまんじゅうなどの集団接触型の伝承遊びなどを見直し、保育の中に積極的に取り入れてもらいたい。

第3節　運動遊びの必要性と楽しさ

1. 運動遊びが必要な理由

　幼児の運動発達を促す要因についてガラヒュー (2002) が図 2-1-1 のような運動発達モデルを示した。運動の発達は砂時計に砂を注ぎ山のように積み重ねるようなものであり、反射的な運動の段階から次第に専門的な運動へ変化する。そして砂を入れる器には遺伝容器と環境容器があり、遺伝容器には後から砂の量を増やすことができないので蓋 (ふた) がついている。環境容器には蓋がなく、環境はいくらでも砂の量をふやすことが可能である。

　運動発達の遺伝的な要因とは、ヒトの進化の過程で獲得した能力である。人類としての種の進化は約 700 万年で地球規模から見ればわずかな時間である。しかし、この期間に人間は他の動物と違った形態と運動機能を獲得し、高度の文化を創造し発展させてきた。

　まず地上を 4 本脚で移動する動物の情報収集器官は鋭い聴覚と嗅覚である。しかし、樹上生活を始めたサルは運動器官の発達と敏捷な行動を遂行するために、高さ、幅、奥行きなど立体的に情報処理する視機能を獲得したのである。樹上での生活行動の拡大は、移動行動において上肢の骨格とその機能を特殊化させ、肩関節の 360 度回旋や手の「把握能力」を向上させたのである。これらの機能を持ったサルの一群が地上に降り立ち「直立二足歩行」による移動様式を獲得した。直立二足歩行という革命的な移動行動のためには身体の構造を根本的に変化させざるを得なかった。すなわち、重い頭脳を載せるために脊柱は垂直に近い S 字型となり、脊柱を垂直に支えるための背筋や腹筋、大殿筋等が強化され、大殿筋の発達とともに足骨が足首で強く固定された。また、縦横にアーチ (土踏まず) が形成された。土踏まずは歩行の効率化を良くするためにスプリングの役割と歩行時の衝撃を吸収するためのショックアブソーバーの機能を持っている。直立二足歩行の獲得によって上肢は重力から開放され、歩行以外の機能を持つようになった。樹上生活で得た上肢の肩関節や前腕の回内、回外運動に加えて、手指は「拇指対向性」の形態を獲得し、握力把握と精密把握を可能とした。今まで、移動行動に用いられていた 4 本の脚の内、2 本は物を操作するために手指の形態と機能を獲得したのである。この手指機能を用いて、自然へ目的を持って働き掛け自然そのものを変革し始めたのである。この自然への働き掛けを通して、家族、部族間の協同や協力関係はやがて社会を形成し、そこに共通のコミュニケーションの必要から言葉の発生をみたのである。そして、この言葉は相互の意志伝達と社会的経験や人がつくり出した文化を世代から世代へと伝達する機能のほかに観念、思考および言葉による運動の調整を可能にした。更に、人は手を使って道具を作り出し、火を用いて肉食によるエネルギーの供給によって大脳の発達を促したのである。

サルが人間になるに当たって重要な身体的進化の節目は「直立二足歩行」の獲得と「手の自由化」である。それらの形態と機能をより目的に合ったように変化させ発達させたのは、人が自分の周りの自然環境に働きかけ、それを自分の生活のために変えようとした「労働」によってなされたという視点は、人間の運動発達を考える際の基礎として重要である。

　人は生まれて成人にいたるまでに進化の過程を短時間で経過するといわれるように、進化の過程における労働の果たした役割は、現在においてはスポーツや運動遊びがその機能を担っているといっても過言ではない。

　人が生まれて直立二足歩行を獲得し、環境に働きかけながら自らの身体機能の変化発展を求め、人間としての人格を形成（社会化）していくために必要な行為が幼児期における運動遊びでると考えられる。

2. 豊かな運動遊びとは

　幼児の運動遊びの目的は、人が生涯にわたって健康で幸せな生活を築くための基礎を築くことである。人の進化の道筋を考えれば判るように、直立二足歩行を獲得した後、歩行を確実なものにし、その上に手指機能を育て、神経系の統合と分化過程を繰り返しながら身体諸機能を自ら作り上げていくことである。その身体的な財産が将来の労働やスポーツ文化を享受する際の基本的な身体能力として活用される。したがって、幼児期にどのような身体能力を育てておくべきかという視点は大切な問題である。幼児期に習得した身体能力が生涯にわたって自己の財産とし有益なものとなる必要がある。

　幼児の基本的な身体能力の獲得に必要な遊びの質について、幼児の知覚―運動スキルの習得に必要な協応能力を高める遊びについてのべる。

①自己の身体操作系スキルを獲得する遊び：これには体育科学センター（1980）の幼稚園児の84種類の基本動作のカテゴリー別分類に示されているような動作を含んだ遊びである（表2-1-1）。

　Stability(姿勢の変化、平衡移動)、Locomotion(上下動作、水平動作、回転動作)などが含まれる。これは重心のコントロールや筋感覚や筋出力など、主として自己の内部情報の処理に依存している。走る、ぶら下がる、跳ぶ等。

②道具操作系スキルを獲得する遊び：Manipulation(荷重動作、補足動作、攻撃的動作)など道具を使って他の環境に働きかける動作であり、目と手や足の協応能力の発達を促す遊びである。ボールつき、バットでボールを打つ、縄跳び等。

③集団による他者との対応スキル系の遊び：他者との協同と競争などであり、対人スキルともいえる遊びである。状況の判断や予測、思考などの発達を促す。鬼ごっこやドッジボール等が含まれる。

　幼児の知覚‐運動スキルの発達をマイネル（1981）は粗協応から精密動作へそして自動化をへて、さらに新しい動作が低次なものから高次なものへ螺旋（らせん）状に発展するとしている。それは中枢神経系の運動プログラムの作成能力に大きく依存し、運動記憶の集積も重要な要素であり幼児期の重要な学習課題であると述べている。

3. 幼児の運動遊びにおける楽しさとは

　保育所や幼稚園で子どもの動きを観察すると、様々な遊びを楽しんでいる光景を目にする。例えば二つに分かれたチームが丸太の両方から歩いて、中央で「じゃんけん」をして勝ったほうがさらに前進する、負けた子は「負け」と後に伝えて次の子が立ち向かっていく。丸太の上でバランスをとって歩けるようになった子が、保育士に習った渦巻きじゃんけんのルールを応用して、楽しい遊びへ発展させたものである。

　遊びを社会学的視点から論じたのは、カイヨワ（1973）である。カイヨワは遊びの定義として①自由な活動、遊ぶ人にとって自由で自発的な行動が基本である。②分離した活動は定められた場所で行われ、定められた時間に完結する。③不確定な活動とは遊ぶ人の創意工夫が許されていて、結果は終わるまでわからない・④非生産的活動とは遊び自体は消費的なものであり、これによって財貨も富みも生み出すものでない。⑤ルールある活動とは日常的な法的な拘束は及ばない、遊びだけに通用する約束や取り決めに従う必要がある。⑥虚構的活動は遊びは現実的なものでなく、それはもともと非現実的なものである。ことなどをあげている。そして、遊びを4つに分類した。①アゴン（競争）：すべて競争という形をとる一連の遊び、②アレア（偶然）：遊戯者の力の及ばない偶然に支配された遊び、③ミミクリ（模倣）：自分が架空の人物になりそれに相応して行動する遊び、④イリンスク（眩惑）：一時的に知覚の安定を破壊しパニックの状態に陥れようとする遊びである。

　また幼児の知的発達に伴って、遊びが変化発展していく法則を示したのはピアジェである。幼児は大脳皮質と運動能力が発達し始めるとそれを使ってより難しい発達課題を求めて挑戦し、自発的にその能力を使う傾向がある。このようにして、子どもの身体的機能は低次なものからより高次なものへ自らの身体を作り上げていく（自己組織化）。その発達の原動力は遺伝に組み込まれた成熟と幼児が身の回りの環境に自ら関わり働きかけていく行動（遊び）と、それによってもたらされる快の感情や楽しさが新たなる活動（遊び）のエネルギーとなる。

　遊びの楽しさにもいくつかの水準がある、それを図2-3-1に示した。最も基本的な楽しさは、乳幼児期の体を動かすだけでも楽しい、大人に「高い高い」をしてもらっただけで幼児は快適な感覚を

楽しく感じる。いわゆる感覚・運動レベルでの楽しさである。次に、歩けなかった子が何度も転んでは立ち上がり、歩くことができるようになったときの楽しさである。すなわち、できなかった事ができるようになったときの楽しさのレベルである。次の段階は、跳び箱で開脚跳びの練習を繰り返していた子が踏み切りのタイミングをつかみ両腕をついて見事に跳び越すことができたと

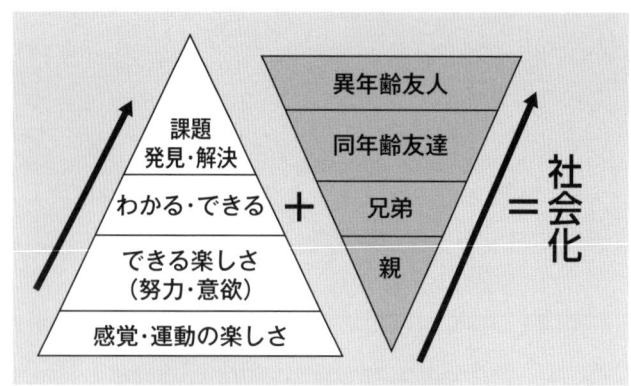

図 2-3-1　運動遊びにおける楽しさの階層構造

きの感激である。これはできなかった動きができると同時に、できるための簡単な運動の原理を理解できたときの楽しさである。

次のレベルは、鬼ごっこやドッジボールで友達と作戦を練って、勝ったときの喜び、すなわち幼児なりに課題を見つけて解決できた高次の段階である。

さらに、これらの楽しさの各レベルで人との関わり（友達）が付加されると楽しさが増幅される。すなわち、友達との関わりは年齢が高まるとともに楽しさの重要な要素となっていく。

第4節　伝承遊びの活用

1. 伝承遊びとは何か

伝承遊びの定義として一般に認められているのは、中地 (1986) の「子どもの遊び集団の中で自然発生的に生まれ、代々共有されてきた遊びであり、子ども社会の縦横のつながりによって、また、大人から子どもへの経路を通して伝えられ、受け継がれてきた遊びの総称である。」である。

伝承遊びの分類において、半澤 (1986) は、江戸時代から昭和20年代に発刊された子どもの遊び文化に関する文献から、伝承遊びの歴史的考察を詳細に行っている。彼は、伝承遊びを和楽遊びと競争的遊びに分類し、前者は子どもが遊びを楽しむことを目的としたものであり、後者はゲームを目的としたものであると述べている。また、小川 (2000) は伝承遊びが実施される場所や内容から次の7つに分類している。

①戸外遊び、②室内遊び、③伝承玩具の遊び、④わらべ歌遊び、⑤造形を楽しむ遊び、
⑥自然物の遊び、⑦言葉遊び。

筆者らは伝承遊びで行われる運動遊びにおける情報処理の特徴から次のように分類した。

①自己の身体操作系の伝承遊び（とんぼ返り、丸太渡り、うまとびなど）
②道具操作系の伝承遊び（まりつき、お手玉、おはじき、竹馬、たこあげ、けん玉、めんこ、こままわし、ビー玉など）
③集団的ゲーム一系の伝承遊び（かんけり、陣とり、石けり、鬼ごっこなど）
④その他の遊び（自然環境を活用した遊び、童歌に運動を加えたものとして、花一匁、絵かき遊び、手合わせ、かごめかごめなど）

2. 伝承遊びの役割

　世代から世代へ受け継がれていく伝承遊びは、不要なものを歴史と時間のフィルターで淘汰しながら、子どもにとって楽しく面白いエキスだけを子どもから子どもへと伝える。そのような伝承遊びの体験は、子どもの心身の発達にとって欠かせない栄養素としての役割を果しているといっても過言ではない。

　さらに、子ども達が楽しさや面白さを体験することによって行動意欲が育ち、遊びが豊かになるにつれて楽しさも低次から高次なものへ高まっていく。これが子どもの知的な好奇心を刺激し、創造的な活動を生み出すエネルギーとなる。

　伝承遊びは一人よりも群れて遊ぶ方が、より楽しく意味を持つものである。伝承遊びは年齢や発達に応じてルールの変更が柔軟に行われ、異年齢集団で遊ぶことができる。そのためには、リーダー（ガキ大将）が必要であり、そのリーダーは遊びの中で育てられる。また、伝承遊びには一定のスキルや体力が要求され、遊びを教えたり、教えられたり、切磋琢磨することによって、子ども同士のコミュニケーション能力を育てると同時に子ども相互の理解を深め、子どもの社会化を促すことができる。したがって、伝承遊びはまさに竹馬（ちくば）の友を育てる機能を持っているといえよう。

3. 保育所や幼稚園の伝承遊び実施状況

　穐丸ら（2007）は、北海道から沖縄にわたる全国都道府県の幼稚園、保育所を対象に伝承遊び調査を行った。質問紙は1158園に送り、651園の施設から回答を得て分析を行った。

❶ 保育施設で実施率の高い伝承遊び（表2-4-1）

　筆者らは保育教材として有用と思われる伝承遊び61種目を抽出した。

　保育施設で非常に高い実施率（80％以上）を示した伝承遊び①身体活動を伴った遊びは「縄跳び」「だるまさんがころんだ」「かくれんぼ」「追いかけ鬼」「こま回し」「まりつき」「尻尾取り」「おしくらまんじゅう」「すもうごっこ」であった。②知的な遊びは「折り紙」「カルタとり」「すごろく」などであった。③手遊びは「あやとり」であった。④社会性に関わる遊びは「ままごと」「お人形さんごっこ」「あぶくたったにえたった」であった。⑤行事的な遊びは「もちつき」であった。⑥自然の環境での遊びは「虫取り」であった。

　実施率が高い伝承遊びは、幼稚園教育要領や保育所保育指針に示されている「健康」「人間関係」「表現」「環境」「言葉」を考慮しながら保育士によって選択されていると推察された。

　一方、筆者らが路地裏や野原でよく遊んだ、1950年代のダイナミックな動きを伴った「Sケン」「靴取り」「石蹴り」「町内めぐり」「缶けり」などの遊びは、20％以下の実施率であった。これらの遊びは、保育者も遊んだ体験が少ないものであり、放置しておいたら消滅してしまうと危惧された。

❷ 保育施設の伝承遊び実施状況について（保育者の回答より分析）

　日本全国の園において伝承遊びが実施されていた（実施率99％）。そして、伝承遊びは園の保育計画の中で行われているものが50％以上、個人的に導入していたものが36％であった。また、すべての保育者が伝承遊びに対して幼児が「興味を示す」と回答した。この結果は、伝承遊びの面白さや楽しさが保育教材として評価されていると思われた。

表 2-4-1　幼稚園・保育園の伝承遊び実施率

順位	実施率80%以上		50%以上～80%以下		50%以下	
	遊び種目名	実施率(%)	遊び種目名	実施率(%)	遊び種目名	実施率(%)
1	折り紙	99.7	草相撲	79.9	猫とねずみ	45.3
2	ままごと遊び	99.1	お手玉	77.4	影絵遊び	43.7
3	カルタとり	98.9	渦巻きじゃんけん	73.8	おはじき	41.6
4	縄跳び	98.6	影踏み鬼	71.1	ビー玉	40.2
5	かごめかごめ	98.3	雪投げ合戦	70.5	そり・スケート	39.4
6	だるまさんが転んだ	96.9	草笛あそび	67.0	お月見	35.9
7	かくれんぼ	96.8	缶ぽっくり	66.0	ケンケン相撲	30.5
8	あやとり	96.5	羽根つき	65.1	子とろ子とろ	30.3
9	追いかけ鬼	96.4	砂取り遊び	64.9	メンコ	25.4
10	虫取り	96.3	着せ替え人形	64.7	缶ケリ	16.8
11	花いちもんめ	95.5	盆おどり	64.0	草履・靴隠し	16.6
12	お人形さんごっこ	95.1	ゴム跳び	61.6	田んぼの田	14.9
13	あぶくたった	93.7	とうりゃんせ	61.2	靴取り	13.8
14	こま回し	92.4	風ぐるま	61.1	目かくし鬼	12.9
15	すごろく遊び	90.0	どんじゃんゲーム	61.0	石蹴り	12.3
16	ハンカチ落し	89.9	剣玉	60.8	Sケン	11.5
17	まりつき	88.9	腕相撲	60.7	地面の陣取り	5.6
18	尻尾取り	87.8	ちゃんばらごっこ	58.7	字隠し遊び	4.9
19	たこ揚げ	85.9	竹馬	55.1	どこ行き(町内めぐり)	3.1
20	おしくらまんじゅう	83.7	ドロケイ	52.4		
21	相撲ごっこ	83.0				
22	もちつき	80.2				

3 保育者が考える伝承遊びで育つもの

　保育で伝承遊びを行っている理由は、①子どもの発達に有効であるが約84%、②日本の遊び文化の伝承が約78%であった。しかし、このような意識を持っている保育者でも伝承遊びを子どもに伝えることが難しいと思っている者も多かった。その理由として、伝承遊びに対する保育者自身が知識不足であると回答した人が50%を超えていた。さらに、伝承遊びを普及するための対策としては、①保育者の研修会を増す（約58%）、②家庭と保護者の連携（約38%）、③養成校での指導（約31%）などであった。

　幼児の発達に有効であり、日本の遊び文化の継承に役立っていると思っているにもかかわらず、自信をもって伝承遊びを子どもに伝えられない不安を持っていることが判明した。これらのことから、保育者の力量を高めることや保育士をめざす養成校の学生指導が重要であると思われた。

4 保育者の年齢と伝承遊び実施率について

保育者の年齢別による伝承遊び実施率は、20代が最も低く、50代が最も高かった。年齢差が認められた遊びは15種目であった。そのうちで50代以上は11種目において実施率が高く、遊びに対する知識や方法論においても他の年代の保育者よりも経験が豊かであることを示していた。

5 子どもに人気のある伝承遊びベスト30

幼児に好まれる伝承遊びを5種目、保育者に自由記述してもらった。保育者があげた伝承遊びは154種目であった。その上位30種目を表2-4-2に示した。

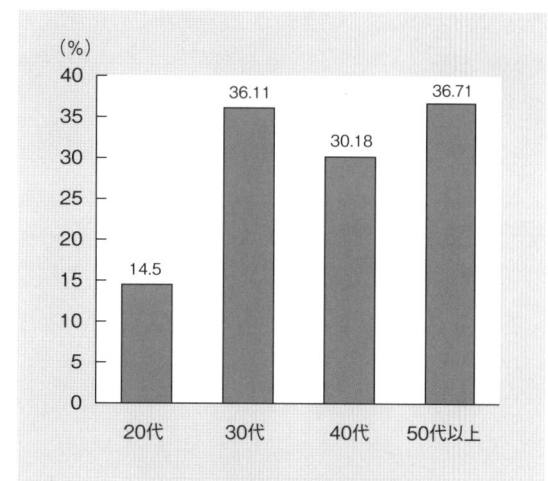

図2-4-1　保育者の年齢と伝承遊び実施率

表2-4-2　保育者が選んだ伝承遊びベスト30

全国の保育者が選んだ子どもに人気のある伝承遊びベスト30								
順位	遊びの名前	度数	順位	遊びの名前	度数	順位	遊びの名前	度数
1位	追いかけ鬼	260名	11位	あぶくたった	115名	21位	人形ごっこ	29名
2位	縄跳び	257名	12位	あやとり	93名	22位	色鬼	24名
3位	ままごと	219名	13位	どろけい	85名	23位	長縄	17名
4位	花いちもんめ	217名	14位	竹馬	67名	24位	凧揚げ	16名
5位	折り紙	191名	15位	ハンカチ落とし	66名	25位	猫とねずみ	14名
6位	だるまさんが転んだ	166名	15位	しっぽ取り	66名	26位	高鬼	13名
7位	こま回し	160名	17位	カルタ	64名	27位	そり・スケート	12名
8位	かくれんぼ	155名	18位	かごめかごめ	63名	27位	なべなべ底抜け	12名
9位	渦巻きじゃんけん	133名	19位	氷鬼	45名	27位	相撲	12名
10位	虫取り	119名	20位	ちゃんばらごっこ	32名	30位	お手玉	11名

全国調査を通して、日本中の保育施設で伝承遊びが子どもの発達を促す保育教材として大切にされていることを再認識した。また、課題として保育者の伝承遊びに関する知識や指導方法の充実を図ることとあわせて、伝承遊びの教材的価値や指導の系統性など総合的に検討する必要がある。

4. 伝承遊びの運動量

伝承遊びには、走り回ったりジャンプしたりとダイナミックな全身の身体活動を伴うものや、こま回しやお手玉のように緻密で正確な動作が求められる遊びが多い。かつて遊び道具が豊富になかった時代においては、物を取り扱うことよりも、身体を積極的に用いることが遊びの割合の多くを占めていたことは容易に想像できる。大地と自然に触れて、五感で感じ取った100%本物の現実の感触を

感じ取りながら遊んでいたのであろう。ここでは、鬼ごっこに注目して、その運動的効用を見ていくことにする。

1 鬼ごっこの運動強度

鬼ごっこは追う・追われる関係を基本とした、走運動を中心とする活発な全身運動を伴うダイナミックな伝承遊びである。(図 2-4-3) は、保育中の自由遊び時間に、幼児が園庭でいろいろな鬼ごっこをして遊んだときの運動強度 (METS・メッツ) の測定結果である。METS とは、座って安静にしている状態を 1 とし、運動の強さがその何倍に相当するかを示す単位である。この測定は、歩数計型の生活習慣記録機であるライフコーダ (スズケン) を、延べ 72 名の年長クラスの幼児の腰部に装着させることによって実施したものである。

この図から、単に鬼ごっこと言っても、多岐にわたるバリエーションのどれを遊ぶかによって、幼児の心肺機能に対する負荷が大きく異なっていることがわかる。氷鬼のように、遊んでいて息が切れるほどになるものもあるし、その反対にじっとして隠れたり立ち止まったりすることが多く求められるものもある。子どもたちにどの鬼ごっこを紹介するかは、子どもに何がどのように育ってほしいのかという保育者の意図性と、集団の状況や保育を取りまく環境などの適時性を考慮して選択されるべきである。

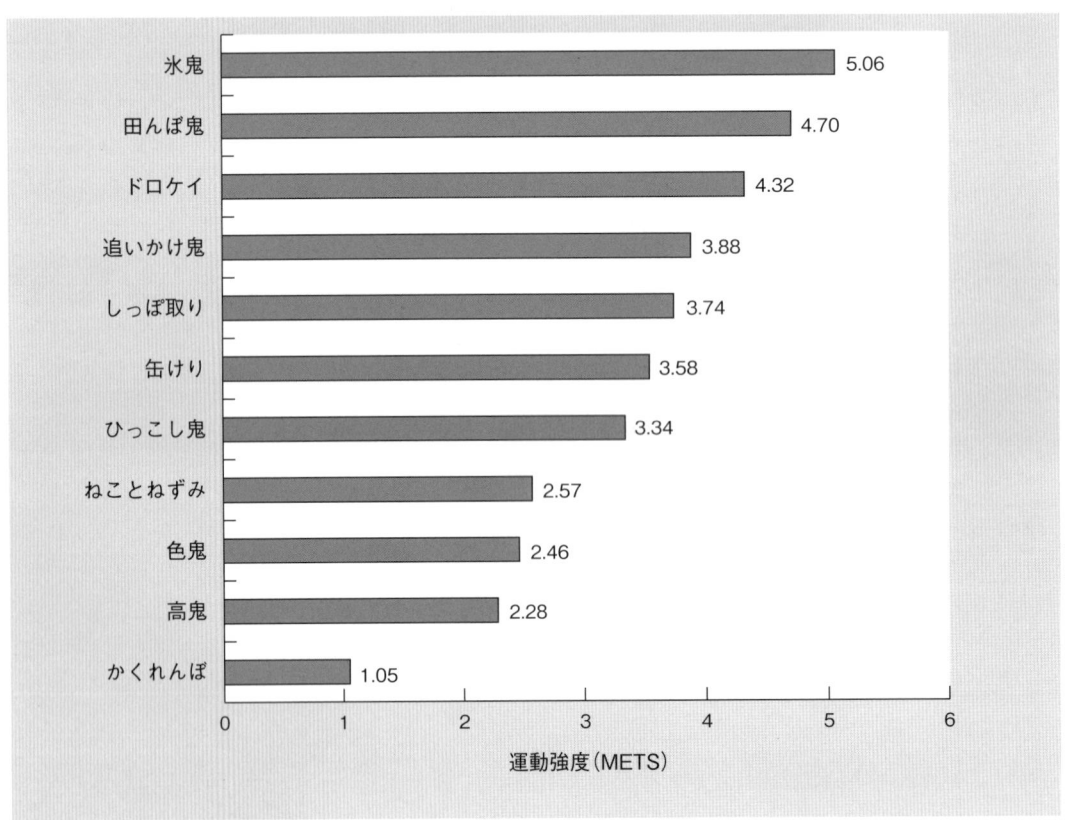

図 2-4-3　鬼ごっこの運動強度

2 鬼ごっこの動作特性

多様な動作を経験するべき幼児期において、運動強度のほかに「どのように動くか」という動作特性を考慮することも、遊びを指導する保育者にとって必要な視点である。

鬼ごっこで遊ぶときは、ただ走っていればよいのではなく、常に周囲の状況を目で見て判断しながら走らなければならない。視覚による判断と動作が一致しなければ、遊びが成立しないのである。そして、走運動という活発な運動が他者との密接な関係性においてスピーディに遂行される必要がある。急に止まったり方向転換したりする必要もある。また、走りながら手振り身振りで仲間に情報を伝えたり衣服を整えたりと、別の動作をする必要も生じるだろう。

　これらの動作は、年齢が低い幼児にとってはまだ難しい。しかし、年中・年長になってくると、完全ではないけれども次第にできるようになって、繰り返すうちにスムーズにできるようになる。鬼ごっこは集団遊びではあるが、全員が全く同じ動作をしなければならないわけではない。個々の判断で能力に応じた参加の仕方も可能である。鬼ごっこは、幼児期の発達段階における動作習得の過程をフルに活用する遊びであり、だからスリルに満ちていて楽しいのである。

5. 伝承遊びの指導の実践

❶ 楽しい遊びを自発的な遊びへ

　遊びは自発的に行うものであり、大人から強制されて行うものではない。しかし、これまで引き継がれてきた子どもの遊び文化の存在を知らせて伝えることは、大人が果たすべき重要な責務であろう。保育施設においては、子どもの自発的な活動を見守ることは大切であるが、それだけにとどまることなく、新しい遊びを教えるという保育者による積極的な姿勢・行為が必要なのである。

　遊びというものは、第三者からすれば遊びとは思えないことであっても、本人にとっては遊びとして楽しまれていることがあるように、遊ぶ本人の意識に大きく依拠する活動である。逆に、一般的に遊びと考えられる活動であっても、強制されて嫌々やっていれば遊びにはなり得ない。保育において新しい遊びを教えることは、どうしても「指導」という形式をとる。しかし、その指導の過程において多くの遊びとその仕方を獲得させつつも、子どもが楽しんで取り組めるような活動に方向づけていけるか否かが保育者の力量であり、腕の見せ所なのである。

❷ 保育者の支援から自主的な遊びへ

　しかし、いつまでたっても保育者の綿密な援助なしに遊びを展開できないのであれば、それは子どもたちが遊びを「獲得」できているとは言えないだろう。設定された保育活動として①遊びとその仕方をしっかりと教え、その楽しかった体験を思い起こして自由遊び時間に子どもが②自分たちだけで展開できるようになるという一連のサイクルを確立することが必要である。このサイクルを確立して効率よく指導を行えるようになれば、限られた時間であっても子どもたちが一定期間内に獲得できる遊びの種類、すなわち将来の財産としての遊びの選択肢が増えることにつながるだろう。

　そして、1つの遊びについて複数回にわたって指導していく過程においては、保育者の役割、すなわち援助の量を徐々に減らして「フェード アウト」していくことが必要である。最終的に保育者の役割は、自由遊び時間には誘うなどのきっかけを与えるにとどめられるようにしたい。

　そのためにも、先立ってしっかりと指導して遊び方を理解させることが不可欠なのである。図2-4-4は、年長クラスにおいて氷鬼を指導する場合の部分指導案の例である。特に新しい遊びを指導する際には、子ども集団の遊びの獲得を目指した、見通しのある綿密な働きかけが必要である。

表 2-4-4　年長クラスの部分指導案の例と指導のポイント

	○月○日（○曜日）		5歳児　○○組　男10名・女10名	
内容	「氷鬼」を楽しむ。	ねらい	・友だちと活発に身体を動かして遊ぶことを楽しむ。 ・手洗い・うがいをする。	・教育的ねらい ・養護的ねらい

時間	幼児の活動	環境構成	保育者の活動・援助・留意点	
10:00	・園庭に集合して円陣を組む。 ・説明を聞き、問いかけに答える。	・笛を準備しておく。 ・危険な物やぬかるみがないか、園庭の状態を確認しておく。  �保（円陣図） 全員の顔が見えて、話を聞きやすい隊形で。	・集合して円陣を組むように声をかける。 ・氷鬼の遊び方やルールを覚えているか問いかける。 ・今回は、氷になった仲間を助けるためには、タッチではなくて股の下をくぐるよう提案する。 ・凍らされたら、きちんと腕を左右に広げる姿勢をとることを確認する。 ・鬼ごっこの場所の範囲を伝える。	全員がルールを理解できるよう、具体的で明瞭に。
10:05	・適宜2人組になってジャンケンをし、2チームに分かれる。 ・帽子をかぶり直す。	・鬼ごっこの範囲を定める。固定遊具・花壇・砂場よりの奥には入らないように。  花壇｜固定遊具 鬼ごっこの範囲 園舎｜砂場	・鬼決めジャンケンをして2チームに分かれるように促す。 ・組になっていない子がいれば、ジャンケンの相手をする。 ・鬼チームは帽子を赤に、逃げるチームは白にしてかぶるように促す。	誰が鬼なのか、わからなくなってしまわないように。
10:10	・ちりぢりに逃げる。鬼は10秒数えてから追いかけ始める。		・全員の準備ができたことを確認して、これから始めることを伝える。 ・「何人捕まえられるかな」「みんな氷にしちゃおう」などと励まし、期待を高める。 ・「せーの」のかけ声を与え、鬼に10秒数えるように促す。	追いかける鬼に目的意識を持たせ、意欲を高める配慮を。
10:16	・いったんやめる。 ・保育者といっしょに凍っている人数を数える。	走り回るので、他の遊び集団との兼ね合いに配慮する。全員の居場所を把握できるように。	・笛で合図し、その場でやめさせる。 ・「凍っている子は何人いるかな？」と問いかけ、数えて伝える。	
10:18	・帽子をかぶり直し、鬼は10秒数えてから追いかけ始める。		・次は鬼チームと逃げるチームを交代して始めることを伝え、「せーの」のかけ声で10秒数えるように促す。	
10:24	・いったんやめる。 ・保育者といっしょに凍っている人数を数える。 ・もとの隊形に戻り、保育者の話を聞く。	 �保（円陣図）	・笛で合図し、その場でやめさせる。 ・凍っている人数を数えて伝える。 ・もとの隊形に戻るように促す。 ・どちらのチームが多く捕まえたか話し、たたえる。負けたチームにも、「あともう少しだったよね」などと勇気づけ、次回への期待を持てるよう言葉がけをする。	遊びの過程を振り返って、全員で楽しさを共有する。
10:26	・手洗い・うがいをして保育室に戻る。		・次の活動内容について、期待を持てるように話す。 ・手洗い・うがいをして保育室に戻るように促す。	

実施時間は、様子を見て適宜判断する。

汗をたくさんかく時期には、着替えが必要な場合も。

第5節　運動遊びの支援・指導のポイント

　幼児が楽しい運動遊びを味わうために、保育者や保護者の支援や環境づくりが必要である。その際、幼児の内発的動機づけを高め、運動意欲をたかめる留意点をのべる。

1. 遊びを見る目を育てる

　子どもを観察し見る目を育てよう。最初のうちは何を見てよいか分からないかもしれない。しかし、少し注意深く子どもを観察する意識によって子どもを見る目が変化してくる。観察の水準にもいろいろな段階がある。最初は子どもが遊んでいる状態を見る段階である。これは実習生などが最初に経験する観察の段階である。次は一人ひとりの違いを見分ける段階である、例えば男子と女子の遊びや行動、会話、友達との関係などの違いを発見するのである。次は見極める段階である、あの子が今楽しんでいる気持ちや楽しんでいる内容を読み取ることのできる段階である。この見極めができると、子どもが次に何をしたいのか、何をしようとしているかについて見通す段階である。保育士が子どもに対して見通しを持てるようになると、子どもの遊びや行動を見守る段階に到達することができて、子どもに対する過干渉が少なくなり、子どもの自主的な活動を導き出すことができるようになるのである。

2. 運動遊びの楽しさを引き出す環境構成を心がける

　幼稚園教育要領や保育所保育指針に示されている、保育者の重要な役割は、子どもの活動を引き出す環境の構成である。子どもの観察によって子どもが求めている要求や活動を理解することによってはじめて、子どもにとって意味のある環境を準備することができるのである。環境とは自然環境、物的環境、人的環境、クラスの雰囲気などいろいろある。保育士は重要な人的な環境であり、子どもたちが安心して受け入れてもらえる保育士の存在はもっとも重要である。いつでも使えるようにボール、縄跳び、竹馬、砂場の遊びを豊かにするための水、スコップなどは環境構成になる。使いやすい場所の選択なども大切である。

3. 子どもの意欲を育てる

　幼稚園教育要領、保育所保育指針の教育的「ねらい」は3段階で示されている。子どもの意欲を育てるためには、先ず子どもたちの楽しさ、面白さ、快適さ、気持ち良さなどいわゆる「心情」的な体験を十分に味わうようにすることである。遊ぶことそのものが子どもの動きを引き出すことが大切である。楽しさをもとめて自ら遊びはじめることを内的動機づけによる遊びという。何か褒美をもらうためとか、保育士や母親にほめられるために行動をはじめるのは外発的動機づけという。子どもの遊びが内発的動機づけによって行われるようになることが、子どもの「意欲」を育てるために大切であることを知っておく必要がある。この内発的動機づけによる意欲的な遊びを積み重ねた結果、遊びを楽しくするために、順番を待つこと、ルールを守ること、友達と競争したり協同する「態度」が形成されるようになる。

4. 子どもの運動遊びは社会化にとって大切である

　幼児教育の生活は、遊びを中心として行われる。遊びの定義にはカイヨワ、ピアジェなど、それぞれの立場から行っている。学校教育法で示している遊びの定義は最もシンプルである。その定義は「幼児が身の回りの環境に自ら関わって作り出す活動」としている。これは、ルソーのエミールに述べられている、子どもにとって自然環境が最も良い教師であるという文章が思い出される。幼児が身近な環境に関わって作り出される活動は人が社会化する上で重要な、自然環境との関わり方、環境への挑戦、人との関わりにおけるルール、葛藤、我慢、克己心、遊びにおける会話、数的な認識、すなわち大脳の働きを育て人を社会化へと導くのである。

5. 達成感や成功感を味わえるようにスモールステップを準備する

　幼児の運動遊びの支援や指導において、各年齢の運動発達段階を理解すると同時に、幼児の個人差が大きいことを理解しておくこと、子どもの内発的動機づけは、子どもの楽しさの体験が必要である、幼児の楽しさにはいくつかの水準がる、その中で達成感や成功感は大きな要因である。子どもへの課題が適切であれば少し努力することによって達成感や成功感を味わうことができる。あまりにも高い課題では達成感を味わう機会が減少する。幼児の発達に応じて一歩前のステップをたくさん準備しておく必要がある。

6. わかる言葉・ほめる言葉で支援する

　運動遊びの支援や指導において、言葉で説明することは難しいものである。幼児の認識能力や言葉の理解度を理解した上で、幼児に分かる言葉を使うように心がける。
　例えば、マットで前転運動をしているとき、首を曲げなさいと声を掛けるより、両手をついて回るときは「おへそをのぞきこみながら回ってごらん」と言葉がけした方が理解される。
　保育者はいろいろな運動遊びを促す言葉を用意することを心がけておくとよい。また、ルールなどの説明は、言葉だけではなかなか理解しにくい場合が多い、このような場合は、保育者自らモデルとなったり、実際にやって見せるなどの工夫が必要である。ルールある遊びでは、単純なものから次第に増やしたり、説明の順序性も理解させる上で大切である。
　そして、子どもの努力や変化を読み取り、それを認め、受け入れ、賞賛の言葉をたくさん準備しておくことが大切である。

7. 子どもの発想を受け入れながら、子どもが主体となるようにする

　集団的な運動遊びには、いろいろなルールがあるが、幼児の発達に応じて、ルールを変更したり、幼児がルールを作り出すことができるように柔軟な対応をする。また、ゲームの人数比較などにおいても、幼児が数えてどちらが多いなど、幼児の判断を引き出すように心がけることによって遊びから学ぶものが大きく変わってくる。あくまで、子どもが遊びの主体者であることを自覚しておく。

8. 安全教育と安全管理の原則を理解しておく

　運動遊びにおいて幼児の安全能力を育てることは大切である。そのためには、小さな危険に関わらせながら、危険を適切に制御できるようにするという視点が大切である。例えば、小刀は危険であるからといって、触らせないだけでは安全能力を育てることにならない。高いところから飛び降りることが危険だからといって、禁止しているだけでは子どもの危険を制御する能力を育てることはできない。子どもの行動を見まもりながら挑戦する勇気を育てることも重要である。

　ただし、遊具の腐食や雨上がり後の鉄棒からの転落を防止するために、水滴をふき取るなどの安全管理は保育者の仕事である。

9. 遊びの質と量を考える

　幼児の身体発達を促すために運動遊びの中で、子どもがどのような情報を処理しているかは、運動の質に関わる問題である。また、どのような楽しさを子どもが味わっているかを考える際に、エネルギーを十分に発揮し、運動欲求満たすと同時に、筋力や循環機能の発達に役立っているかについて考えるのは運動量のことを中心に見ていることである。保育者は、この運動の質と量について、運動遊び考える必要がある。第1章で示したように、子どもが鬼ごっこを楽しんでいたというだけでなく、鬼ごっこだけでも運動量に強弱があり、子どもが学習している質にも違いがあることを理解しておく必要がある。

10. 遊びに入れない子どもの事情を読み取る

　子どもの生活は遊びであり、誰でも遊びに参加できるものと思っているかも知れない。しかし、子どもにも遊びにすんなりと入れない事情や理由がある。たとえば、朝寝坊や親の都合で登園が遅れてしまい、すでに遊びが始まっている場合、遅れて来た子どもが遊びに「入れて」というのは結構勇気がいる。保育士が「ちょっと入れてあげてね」などの支援が必要である。また、遅生まれや運動能力に差がある子が、早生まれや運動能力の高い子どもたちが中心となっている遊びに入るのも勇気がいる。遊びの仲間に入る際にも子どもには子どもの事情がることを知っておく必要がある。

第6節　安全教育と管理

　幼児がのびのびと遊ぶことができる環境を整えるのは、保育者の重要な仕事である。とくに安全を確保し、幼児が安心して遊びに熱中できるよう環境を整備することは必要不可欠である。

　保育現場での事故防止は、幼児の事故の特徴を知り、幼児を取り巻く環境を安全に整える「安全管理」と、幼児が自らの行動や外部環境に存在するさまざまな危険を制御して安全に行動できるようになるための「安全教育」が必要である。たとえば、園庭や砂場に落ちている危険物を、事故予防のために保育者が拾うことは「安全管理」であり必要なことだが、その効果は一時的である。しかし、子どもたちに「転んだときにけがをしないように、石やガラスを拾おうね」と教え、一緒に確認しながら拾うことは「安全教育」であり、その効果は永続的である。

幼児は発育発達上の特性から事故の発生が多く、それによる傷害は幼児の心身に多くの影響を及ぼす。そのため保育者は、事故の防止が保育の大きな目標であることを認識しておく必要がある。

1. 幼稚園や保育所における事故傷害の発生状況

　幼稚園や保育所で発生している事故の多くは、衝突や転倒、墜落や転落であり、事故の発生場所は園舎内（おもに教室と廊下）が過半数を占め（園舎内で過ごす時間が相対的に長いため）、園舎外では体育・遊戯施設、運動場などでの傷害がほとんどである（表2-6-1）。

表2-6-1　負傷における場所別発生割合（日本スポーツ振興センター 2008 より作成）　　単位：人数（％）

	園舎内	園舎外	園外	合　計
幼　稚　園	14,511 (53.7%)	10,763 (39.8%)	1,769 (6.5%)	27,043 (100.0%)
保　育　所	21,710 (59.1%)	12,541 (34.1%)	2,475 (6.7%)	36,726 (100.0%)

　遊具による障害の発生状況を見ると、すべり台やブランコ、雲梯、鉄棒、ジャングルジムなどで遊んでいるときに多く発生している（図2-6-1）。すべり台やブランコによる負傷が最も多いが、これは各園での設置率が高いこと、同時に大勢の子どもがかかわることにより事故が生じやすいことが考えられる。
　負傷の種類は、打撲や挫傷（うちみ）、挫創（うちみ＋出血）といった、ものや地面、人などにぶつかって生じる障害が多く、骨折も比較的多い（図2-6-2）。また、事故発生の男女比は、幼稚園・保育所とも男児が女児の約2倍である。

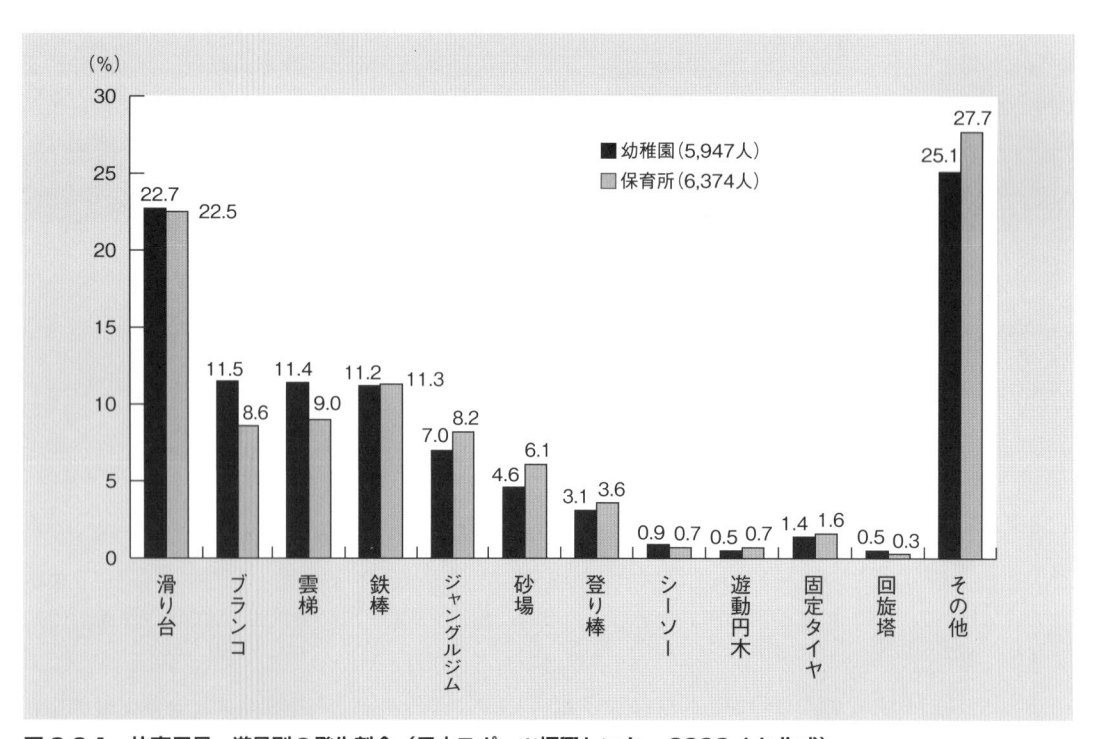

遊具	幼稚園(5,947人)	保育所(6,374人)
滑り台	22.7	22.5
ブランコ	11.5	8.6
雲梯	11.4	9.0
鉄棒	11.2	11.3
ジャングルジム	7.0	8.2
砂場	4.6	6.1
登り棒	3.1	3.6
シーソー	0.9	0.7
遊動円木	0.5	0.7
固定タイヤ	1.4	1.6
回旋塔	0.5	0.3
その他	25.1	27.7

図2-6-1　体育用具・遊具別の発生割合（日本スポーツ振興センター 2008 より作成）

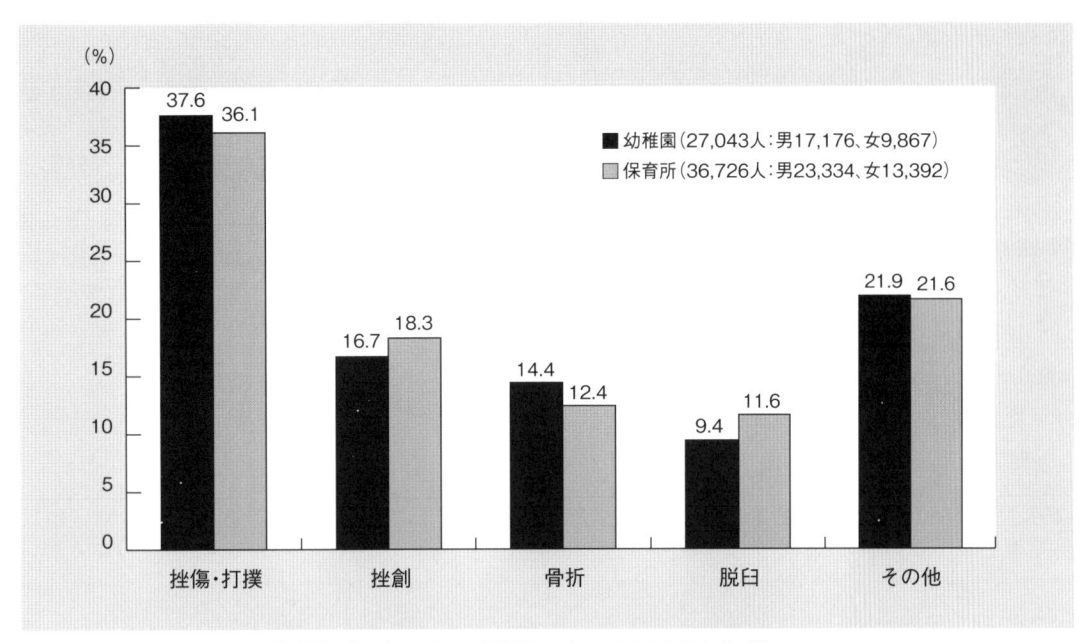

図 2-6-2　負傷種類別の発生割合（日本スポーツ振興センター 2008 より作成）

　負傷部位は、頭部と顔面部で全体の約 6 割を占め、次いで上肢、下肢の順である（図 2-6-3）。

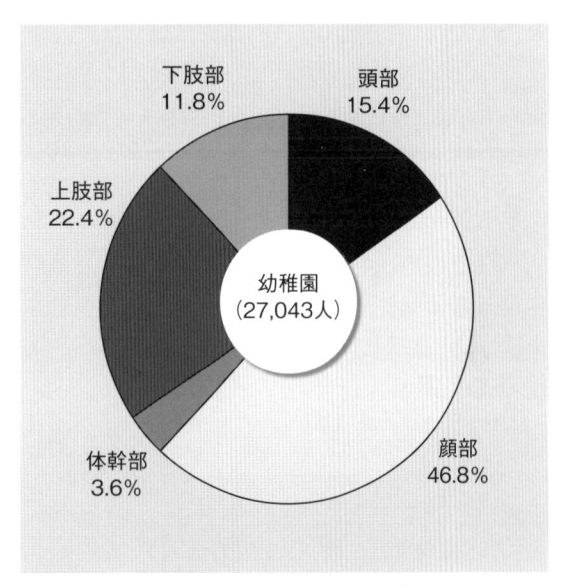

図 2-6-3　負傷における部位別の発生割合
（日本スポーツ振興センター 2008 より作成）

2. 幼児の園内事故と潜在危険について

　園内事故やけがを防ぐには、保育者自身が、予め見えている危険「顕在危険」や直接見えていない危険「潜在危険」を探し、それに応じて環境の改善の仕方を考えたり、自分の行動の仕方を選択したりして危険を取り除くことが大切である。
　幼児の事故を分析すると、不慮の事故が多いものの不可抗力で発生する事故は少なく、幼児自身、環境、保育者や保護者などに原因が潜んでいることが多い。

1 身体的特性

　幼児は転落や転倒により頭部や顔面に損傷を受けやすい。これは頭部が相対的に大きく重心が上にあるためバランスがとりにくいためである。さらに、運動機能が発展途上で力をうまく加減できないことや、転んだときに手を出す受け身動作や瞬間的に目を閉じて眼を保護する反射動作が未熟で受ける障害も多い。

2 知的・精神的特性

　幼児は危険に対する知識・理解、危険を総合的に判断する能力が弱く、事故を起こしやすい。さらに、幼児期は好奇心旺盛で、これが原動力となり行動の種類やあそびの範囲を拡げていくが、大人が想像もしないような無謀で危険なことを試みたりする。

　幼児の事故は「何かに夢中になっている、心配ごとや疲労がある、体調が悪く元気がない、ルールや約束を守らない行動をする」などといったときに起きやすい。幼児に衝動的な行動が多く見られるのは、大脳の興奮回路に比べ、抑制回路の形成が不十分なためである。また、子どもの認知は「自己中心性」という特徴をもち、一つの事柄に注意や認知が固定化し、それ以外のことについて認知的処理が困難になる。とくに興味あるものに注意が奪われると、それ以外はまったく眼に入らなくなり「道路の向かい側に親や友達を発見したり、遊んでいたボールが道路に転がっていったりした場面で、車の往来に関係なく一目散に駆けだして交通事故に遭う」ということが起きる。

　これらは、子どもの性格や家庭環境、親の養育態度などとも関連があると思われるが、保育者は、子どもたちが様々な危険に気づいて安全に行動することや、環境を安全に整えることの大切さを理解し、実践しようとする態度を育てることも重要である。

3. 事故発生時の対応

　保育者は子どものけがや事故、急な体調異常を発見した場合、冷静かつ適切な判断をする必要がある（図4）。適切な処置を素早く行うと、命を守り、傷病の悪化を防ぐことができる。そのため保育者は正しい知識と応急処置法を身につけておくことが大切である。

1 応急処置法

① RICE法

　RICE法は、打撲や挫創（出血を伴ううちみ）といった子どもに多い、けがの応急処置の基本として覚えておくと良い。

- Rest（安静）：身体を無理に動かすと、痛みや腫れ、出血など症状が悪化する場合があるので、危険な場所以外は動かさないで安静を保つ。
- Ice（冷却）：患部を冷やすことで、血管が収縮し、痛みや腫れなどを抑える効果がある。氷のうや氷を入れたビニール袋などをタオルの上から当てて冷やす。
- Compression（圧迫）：患部を包帯やテープで巻いて圧迫することにより、痛みや腫れ、内出血を緩和する。
- Elevation（挙上）：患部を心臓より高くすると、患部に血液が流れにくくなるため、痛みや腫れ、出血を抑えることができる。

② 熱中症

　子どもは体温調節機能が未熟で、大人よりも体重あたりの体表面積が大きいため外気温の影響を受けやすい。とくに高温・多湿の環境では、体内に熱が蓄積され易く全身の熱障害（熱中症）が起こる場合がある。症状により熱けいれん、熱疲労、熱射病に分けられるが、応急処置としては涼しい場所に搬送し、衣服をゆるめて安静にさせ、頭部や首、脇の下、脚の付け根などを冷やす。意識があり吐き気やおう吐などがなければ、冷たい水や塩分、子ども用スポーツ飲料などを飲ませる。意識障害や全身けいれんがある場合は、救急車でただちに医療機関へ搬送する。

③ 鼻血

　頭部や顔面打撲したとき以外でも、鼻の入り口は血管が多く粘膜が薄いのでわずかな刺激でも出血しやすい。座らせて軽く下を向かせ、鼻を強くつまむ（口で呼吸させる）と大部分は止まる。止まりにくいときはガーゼを切って軽く鼻孔に詰める。頭を後ろにそらせると、血液がのどに回り苦しくなったり、飲み込んで気分を悪くすることがあるので上を向かせないようにする。

2 保育者による救命処置（表 2-6-2 参照）

表 2-6-2　保育者による救命処置の年齢別比較　（日本赤十字社, 2008）

一次救命措置		年齢	成人（8歳以上）	小児（1～8歳以下）	乳児（1歳未満）
通報			反応がなければ大声で叫ぶ	救助者が一人だけの場合、心肺蘇生を2分間実施してから	
			119番通報・AEDの手配		119番通報
気道確保			頭部後屈あご先挙上法		
心肺蘇生開始の判断			普段どおりの息（正常な呼吸）をしていない		
人工呼吸（省略可能）			約1秒かけて2回吹き込む・胸が上がるのが見えるまで		
			口対口		口対口鼻
胸骨圧迫	圧迫の位置		胸の真ん中（両乳頭を結ぶ線の真ん中）		両乳頭を結ぶ線の少し足側
	圧迫の方法		両手で	両手で（片手でも良い）	2本指で
	圧迫の深さ		4～5cm程度	胸の厚みの1/3	
	圧迫のテンポ		1分間に約100回		
	胸骨圧迫と人工呼吸の比		30:2		
AED	装着のタイミング		到着次第		
	電極パッド		成人用パッド	小児用パッド（ない場合は成人用パッド）	AEDは使用しない
	電気ショック後の対応		ただちに心肺蘇生を再開（5サイクル2分間）		
気道異物による窒息	反応あり		腹部突き上げ法 背部叩打法		背部叩打法（片腕にうつぶせに乗せ）
	反応なし		通常の心肺蘇生の手順		

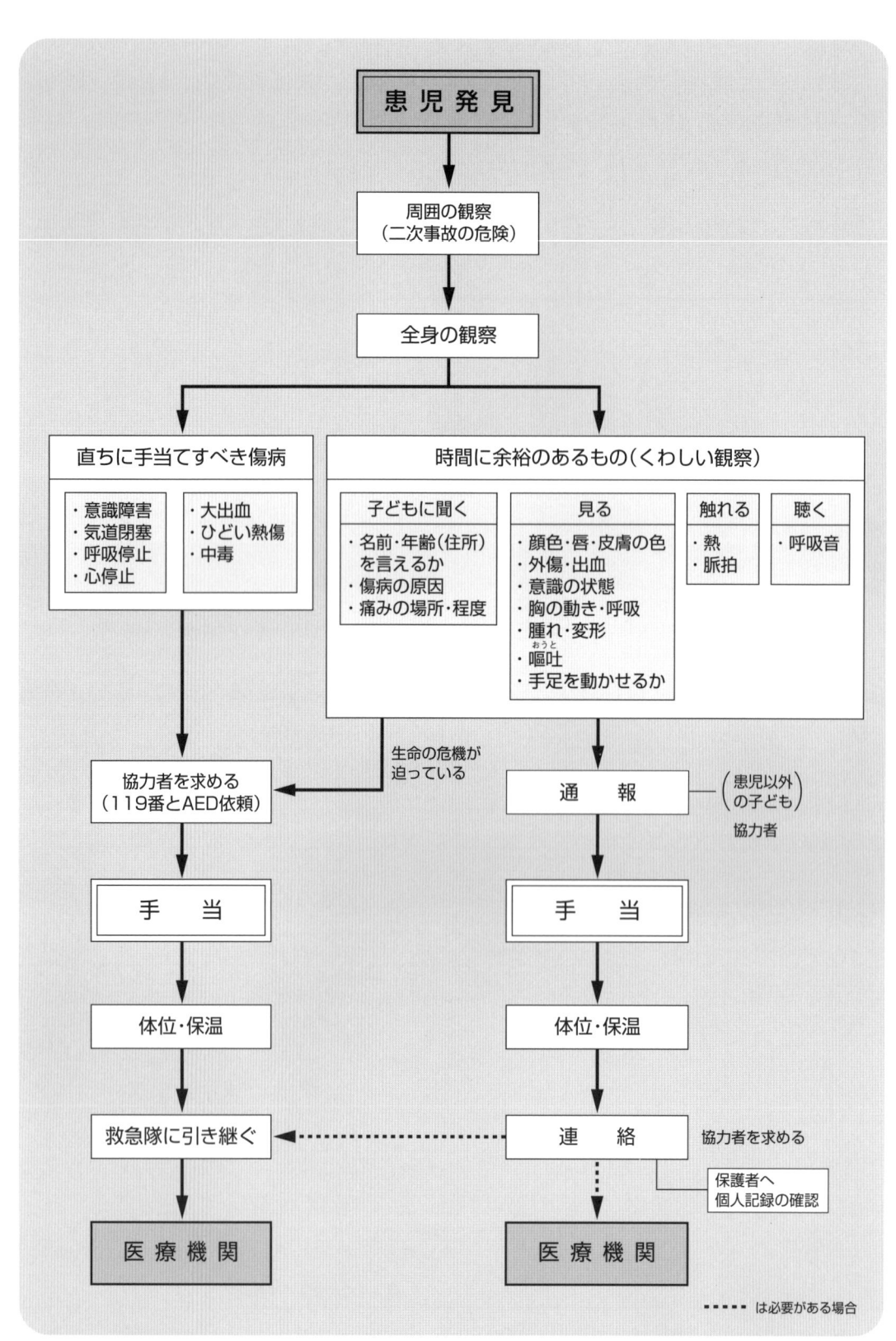

```
                    ┌─────────────┐
                    │  患児発見   │
                    └──────┬──────┘
                           ↓
                  ┌─────────────────┐
                  │   周囲の観察    │
                  │ (二次事故の危険) │
                  └────────┬────────┘
                           ↓
                  ┌─────────────────┐
                  │   全身の観察    │
                  └────────┬────────┘
                           ↓
         ┌─────────────────┴─────────────────┐
         ↓                                    ↓
```

直ちに手当てすべき傷病	時間に余裕のあるもの（くわしい観察）

・意識障害 ・気道閉塞 ・呼吸停止 ・心停止	・大出血 ・ひどい熱傷 ・中毒

子どもに聞く	見る	触れる	聴く
・名前・年齢（住所）を言えるか ・傷病の原因 ・痛みの場所・程度	・顔色・唇・皮膚の色 ・外傷・出血 ・意識の状態 ・胸の動き・呼吸 ・腫れ・変形 ・嘔吐 ・手足を動かせるか	・熱 ・脈拍	・呼吸音

協力者を求める（119番とAED依頼） ← 生命の危機が迫っている

通報 （患児以外の子ども） 協力者

手当 → 体位・保温 → 救急隊に引き継ぐ → 医療機関

手当 → 体位・保温 → 連絡 → 医療機関

協力者を求める
保護者へ
個人記録の確認

------ は必要がある場合

図 2-6-4　保育現場における子どもの手当ての順序　（日本赤十字社, 2008, 一部改変）

NOTE

第3章 身体操作系の楽しい運動遊び

「運動が不器用」と言われたり、自分自身で「私は運動が苦手」だと思ったりしている人は少なくない。しかしながら、運動神経は誰にでもあり、適切な時期に適切な運動を経験することができれば、運動神経は発達する。そのため、乳・幼児期に基本的な運動能力を発達させることは極めて大切なことである。

ガラヒュー（Galluhue,1999）は、基礎的な運動スキルのカテゴリーを「姿勢制御運動スキル」「移動運動スキル」「操作運動スキル」の3つに分類している（図3-1-1）。

姿勢運動制御スキル	移動運動スキル	操作運動スキル
屈伸	歩く	投げる
倒立	走る	捕る
回転	跳ぶ	蹴る
着地停止	スキップ	打つ
バランス	滑る	転がす
	跳び越す	

図3-1-1　基礎的な運動スキルの種類（galluhue,1999）

本章では、基礎的な運動スキルや運動機能の発達を促すさまざまな運動遊びを紹介する。

第1節　基本的な運動発達を促す動き

幼児期は、一般的に運動スキル習得の「基礎的な段階」の時期である（図3-1-1）。

運動発達の中で最も基礎となるのが「歩く」「走る」「跳ぶ」の運動である。この時期は年齢（月齢）、運動経験、個人差など発達度合いに大きな差があるため、保育者はこのことを十分に配慮しなければならない。また、この時期の運動は遊びの中に位置づけ、からだを動かすことの楽しさを経験させられるような種目を工夫することも大切である。

1. 歩く

教育的なねらい：いろいろなからだの動きを楽しむ。
：進んでいろいろな遊びをしようとする。
：友達と協力して遊ぶ。

養護的なねらい：汗をかいたら着替えさせる。
：遊んだ後にうがいや手洗いをさせる。

遊びで育つもの：正しい姿勢の歩き方を身につける。
：バランスをとってリズミカルに歩けるようになる。
：姿勢の変化をからだ験したり、表現を楽しむ。
：前を向き、背中を伸ばして正しい姿勢で歩く。
：手と足の左右の交差運動がリズミカルにできるようになる。

遊び方

1 一本橋あるき（2～5歳児）
・ラインからはみ出さないように並んで歩く。

2 まねっこさんぽ（2～5歳児）
・おサルさん・うさぎさんのマネをしながら並んで歩く。

★**支援のポイント**
・発達段階に応じて、歩く距離や時間の配慮をする。
・前方を注視して順番を守って歩くように言葉かけをする。

★**留意点**
・ラインを引いて、歩く方向は常に一定にし、正面衝突させないようにする。

2. 走る

教育的なねらい：スピードの変化を楽しむ。
：自ら進んで走る速さや方向を変化する。
：スタートの順番や走る方向を守らせる。

養護的なねらい：汗をかいたら着替えさせる。
：足首などの関節をよく回すなど準備運動を行う。

遊びで育つもの：全身のバランスや敏捷性を身につけ、リズムカルに走る。
：前を向き、背中を伸ばして姿勢よく走る。
：手と足の交差運動をスムーズに行えるようになる。

遊び方

1 まねっこジョギング（2〜5歳児）
- 先頭はジャンプやケンケンなどいろいろな動きを入れながら走り、後ろの人たちは、先頭のマネをして走る。
- 保育者の合図で先頭を交代する。

2 新聞紙かけっこ（3〜5歳児）
- 新聞紙をお腹につけて落とさないように走る。

3 はしってとまって（2〜5歳児）
- 保育者が1つタンバリンをたたくと走る。2つたたくと止まる。
- 3つたたいたらウサギやサルなど動物のマネをして止まる。

4 いろいろヨーイ・ドン（4〜5歳児）
- うつ伏せ・体操座り・スタートの姿勢など、保育者の合図でいろいろな姿勢から走り出す。

5 ジグザグかけっこ（3〜5歳児）
- 園庭にジグザグやグルグルなどのラインを引き、その上をはみ出さないように走る。

★**支援のポイント**
- 発達段階に応じて、走る距離や時間の配慮をする。
- 前方を注視して順番を守って走るように言葉かけをする。

★**留意点**
- 園庭など外の場合は、ころんだときに危険のないよう整備しておく。
- それぞれのグループがぶつからないようにスペースを十分にとる。

3. 跳ぶ

教育的なねらい ：動きの変化を楽しむ。
：進んでからだを動かそうとする。
：友達と協力して遊ぶ。
養護的なねらい ：ストレッチや足首の準備運動をする。
遊びで育つもの ：全身のバランスを上手くコントロールできるようになる。
：瞬発力を養う。
：高くや遠く跳ぶための手と足の使い方を考えられるようになる。

遊び方

1 空へジャンプ（2～5歳児）
- 保育者が持つタンバリンにジャンプしてタッチする。
- 保育者の手や得点を書いた紙でもよい。

3 110mm ハードル走（4～5歳児）
- 段ボールで高さ110mm（11cm）のハードルを作り、並べる。
- ハードルを飛び越えながら走る。

2 跳び越しジャンプ（4～5歳児）
- 箱やゴムをジャンプして跳びこえる。

4 ケンケン・スキップ・ギャロップ（3～5歳児）
- フープやラダー・コーンを並べ、飛び越えたり、走り抜けたり、ギャロップをして越えていく。

★支援のポイント
- 発達段階に応じて、跳ぶ回数や種類を配慮する。
- 上手くできない子どもには補助をする。

★留意点
- 準備運動で足首をよく回すなど怪我の予防に努める。
- コーンなどを用いて、進む方向を一定方向に指示する。

4. リレー

- **教育的なねらい**：勝つことの楽しさをからだで体験する。
  ：自分の番では全力を出し切る。
  ：友達が走っているときは進んで応援する。
- **養護的なねらい**：汗をかいたら着替えさせる。
  ：遊んだ後にうがいや手洗いをさせる。
  ：準備運動をきちんと行う。
- **遊びで育つもの**：スピード感をからだで感じ、瞬発力・調整力が養われる。
  ：与えられた課題に全力で取り組める。
  ：協力し合って得た達成感を味わえる。

遊び方

1 折り返しリレー（2〜5歳児）
- コーンまで走っていき、コーンを回って折り返して戻ってくる。次の人にバトンを渡し交代する。（ポールや旗を立ててもよい。）

2 ジグザグリレー（3〜5歳児）
- 1チームは2つに分かれて向かい合わせに並ぶ。
- 走路にコーンをならべて、ジグザグにスラロームしながら走り、次の人にバトンパスをして交代する。
- コーンは抜かさずにスラロームすること。

3 サーキットリレー（4〜5歳児）
- コーン・ラダー・ハードル・台・フープなどを並べ障害物競争のコースをつくる。
- 1周まわってきたら次の人にバトンパスをして交代する。

★支援のポイント
- 発達段階に応じや距離やコース設定を行う。
- 友だちが走っている時はきちんと座って応援する。
- 次の走者にしっかりバトンが渡せるよう声かけをする。
- コース設定には子どもたちの意見も取り入れる。

★留意点
- それぞれのグループがぶつからないようにスペースを十分にとる。
- 園庭など外の場合は、ころんだときに危険のないよう整備しておく。

第2節　運動器具を活用した基本の動き

　幼児期の運動は、遊具や園庭・体育館などの環境（物的環境）と保育者や友達などとの関わりから生まれる環境（人的環境）を通して行われる。そして、豊富な運動経験は、子どもの「遊びたい」という欲求によって増えていくものであり、園の運動器具は、その欲求を引き出すための魅力あるものでなければならないし、その運動器具を使った遊び自体も子どもが興味を持ち、楽しみながらからだを動かすことが大切である。

✎ NOTE

1. マット遊び

- **教育的なねらい**：からだの動きの変化を楽しむ。
  :進んでいろいろな動きに挑戦する。
  :友達と協力し合う。
- **養護的なねらい**：準備運動をきちんと行う。
  :服装・ポケットの中・髪飾り等安全面に気をつける。
- **遊びで育つもの**：「転がる」「跳ぶ」「バランスをとる」などの動きをからだで感じる。
  :自分のからだをコントロールできるようになる。
  :いろいろな姿勢をとって表現を楽しむ。
  :友だちがやっていることを見て意見を言ったり人の意見を聞く。

遊び方

1 大きくなぁれ！小さくなぁれ！
（2～5歳児）
- マットの上で全身を伸ばしてころがったり、縮まったりしてころがる。

2 ダンゴ虫でデングリがえり
（4～5歳児）
- ダンゴ虫をイメージしながら前転を行う。
- 体を丸めたまま後ろむきに方向を変え、後転を行う。
- 最後に立ってポーズを決める。

3 ケンケン押し相撲
- マットの上でお互い腕組みをしてケンケンをしながら押し合いっこをする。
- マットからはみ出てしまったり、両足がついてしまったら負け。

4 押しくらまんじゅう
- グループをつくり背中合わせになって押し合う。

★支援のポイント
- 年齢や発達段階に合わせた動きづくりを行う。
- マットの材質・素材には十分に考慮し、常に清潔を保つ。
- 準備・後片付けではお互いに協力し合うことを学ぶ。

★留意点
- 首に過度の負担がかからないように姿勢には十分に配慮する。

2. とび箱遊び

教育的なねらい：からだの高低差に慣れ、楽しむ。
：進んでいろいろな動きに挑戦する。
：順番を守り、友だちの演技もきちんと見る。

養護的なねらい：関節などの準備運動やストレッチをしっかり行う。
：服装・ポケットの中・髪飾り等安全面に気をつける。

遊びで育つもの：全身運動を行うことで、身体認知力が高まる。
：動きに合わせて手と足をコントロールできるようになる。
：道具の準備や片づけを協力して行うことにより、社会性が養われる。

遊び方

1 山を越えて！丘を越えて！（2〜5歳児）
- 丸めたマットや跳び箱をマットの下に入れて山をつくる。
- その山の上を飛び越えていく。

2 とび箱くぐり（2〜5歳児）
- 保育者がとび箱を立て、その中を子どもたちがくぐって通り抜ける。

3 開脚とび（4〜5歳児）
- 保育者が補助をして開脚とびを行う。
- 慣れてきたら補助なしで行う。
- とび箱の先端の手をつく位置に手のイラストをマークしてもよい。

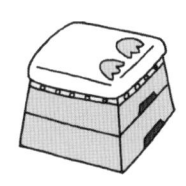

★支援のポイント
- それぞれの運動に合った姿勢で行う。
- 準備運動をよく行い、けが防止に努める。
- 発達段階に見合った高さの設定を行う。

★留意点
- とび箱のジョイント部分を確認する。
- マットの耳の部分はきちんと中に入れることを指導する。

3. 鉄棒遊び

教育的なねらい　：鉄棒の高さに慣れる。
　　　　　　　　　：進んでいろいろな動きに挑戦する。
　　　　　　　　　：順番を守ることを指導し、社会性を身につける。

養護的なねらい　：手首や肩の準備運動を行う。
　　　　　　　　　：遊んだ後にしっかり手洗いをする。

遊びで育つもの　：自分の意志通りにからだを動かせるようになる。
　　　　　　　　　：自分の体重を支える筋力をつける。
　　　　　　　　　：空間認知力（空間での自分のからだの状態を知る力）を高める。
　　　　　　　　　：順手・逆手の両方でぶら下がることができる。

遊び方

1 風に吹かれて（3〜5歳児）
- 鉄棒にぶら下がってゆらゆら揺れる。
- 自分で揺らせなかったり、怖がる子どもには保育者が補助を行う。

2 豚の丸焼き（3〜5歳児）
- 鉄棒に両手・両足でぶら下がる。

3 こうもり（4〜5歳児）
- 鉄棒に足をかけ、両手を離してぶら下がる。

4 足かけ上がり（4〜5歳児）
- 鉄棒を両手で握り、片足をかける。
- もう一方の足を振り上げながら上に上がる。

5 鉄棒ジャンプ（4〜5歳児）
- 鉄棒を両手で握り、ジャンプして上半身が鉄棒の上になるように上がる。

6 前回りガッツポーズ（4〜5歳児）
- 順手で鉄棒を握って前回りを行う。
- できない子どもは保育者が補助を行う。
- 地面に降りたらガッツポーズをつくる。

7 逆上がりガッツポーズ（4〜5歳児）
- 鉄棒をしっかり握って逆上がりを行う。
- 鉄棒の握り方は順手・逆手のどちらでもよい。
- できない子どもは保育者が補助を行う。

★支援のポイント
- できる子どもとできない子どもの差が大きいので、それぞれの子どもが達成感を経験できるように工夫する。
- 発達段階に応じた遊びを配慮する。

★留意点
- 周囲の安全や落下時の危険予測に努める。

4. 平均台遊び

| 教育的なねらい |：からだのバランスをとることを楽しむ。
|：失敗しても挑戦する気持ちを持つ。
|：友だちが上手にできたらほめ合い、社会性を育てる。
| 養護的なねらい |：関節を中心に準備運動をよく行う。
| 遊びで育つもの |：全身のバランス感覚や平衡性、筋力が養われる。
|：背筋を伸ばし、正しい姿勢を保って行う。
|：目線を下に落とさず、真っすぐに前を向く。

遊び方

1 くぐって登って（2～5歳児）
- 平均台の下をくぐってから上に立ってバンザイのポーズ。

2 クマさん渡り（4～5歳児）
- 一本の平均台を四つん這いになって前進する。
- 二本の平均台を横に並べ、その上を四つん這いになって前進する。

3 大きくなぁれ！小さくなぁれ！（3～5歳児）
- 平均台の上で大きく伸びをしたり、小さく縮んだりする。
- バランスを上手にとりながら行う。

4 元気に行進（3～5歳児）
- 平均台の上でその場足踏みを行う。
- フラフラしないようにバランスをとりながら行う。

5 目指せパリコレ！（4～5歳児）
- 平均台の上で背筋を伸ばしてモデルのように歩く。
- 保育者の合図で止まってポーズをとる。

★支援のポイント
- 発達段階に応じた運動設定をする。
- 前方を注視して順番を守って行うよう言葉かけをする。

★留意点
- 周囲の安全や落下時の危険予測に努める。
- マットを敷いて、落下した時の危険防止に努める。

5. ボクらは元気な探検隊！

- **教育的なねらい**：からだを動かすことを楽しみながら、様々な要素の運動スキルを養う。
  ：自ら進んでいろいろな動きに挑戦する。
  ：お互い励まし合いながらゲームを遂行する。
- **養護的なねらい**：準備運動を行い、けが防止に努める。
  ：汗をかいたら着替えさせる。
  ：遊んだ後にうがいや手洗いをさせる。
- **遊びで育つもの**：友だちと協力し合って、準備・後片付けを行えるようになる。
  ：いろいろな動きによる姿勢の変化を楽しむ。
  ：からだをリズミカルに動かせるようになる。

遊び方

1 平均台（一本橋・二本橋）・跳び箱・マット・跳び箱の上にマットをかぶせる・鉄棒・フープ・ゴムの川とび（3～5歳児）

- 平均台やとび箱、マット、フープなど園にある遊具をエリア内に配置する。
- 子どもたちと設置する場所を話し合いながら行うとよい。
- 遊具を移動する方向は一定方向に設定する。
- リレー形式にしてもよい（この時はバトンではなく手タッチで行う）。

★支援のポイント
- 発達段階に合わせてプログラムを工夫する。
- 保育者の目が行き届くようなコース設定を行う。
- 子どもたちと話し合いながらコースを設定する。

★留意点
- 用具に危険がないか、何度も確認をする。

第3節　固定遊具を使った運動

　固定遊具の代表的なものには「滑り台」・「ジャングルジム」・「登り棒」などが挙げられる。固定遊具での遊びを通じて子どもは、「登る」・「降りる」・「ぶら下がる」・「回る」といった様々な運動を行うことができ、「筋力」・「平衡性」・「協応性」・「巧緻性」といった運動能力や「逆さ感覚」・「回転感覚」といった身体感覚を総合的に養うことができる。また、多くの子どもと一緒に遊ぶので、ルールや順番を守るといった社会性を身につけることができるとともに、固定観念にとらわれない様々な遊び方を生み出すような子どもの自由な発想力を養うことができるという側面もある。

NOTE

1. 滑り台

教育的なねらい：スピードや高さの変化によるドキドキ感・ワクワク感を感じながら遊ぶ。
：色々な滑り方に積極的にチャレンジする。
：安全に注意しながらルールや順番を守り友だちと楽しく遊ぶ。

養護的なねらい：必要以上に恐怖心を感じないようにスピードをコントロールする。

遊びで育つもの：高さの変化を通じて空間認知を養う。
：「登る」「滑り降りる」といった移動スキルを身につける。

遊び方

1 バンザイ滑り（2歳～5歳児）
・両手を上に挙げたり胸の前で組んだりして手を離して滑る。

3 ストップ&ゴー！（3歳～5歳児）
・手を使って「止まる」と「滑る」をコントロールする。

2 トンネルくぐり（2歳～5歳児）
・滑り台の途中で大人が2人で手をつないでトンネルを作る。
・最初は身体を起こした状態で滑り、トンネルが近づいてきたら身体をかがめるあるいは身体を寝かせてトンネルをくぐる。
・トンネルの高さを変えて難易度を調節する。

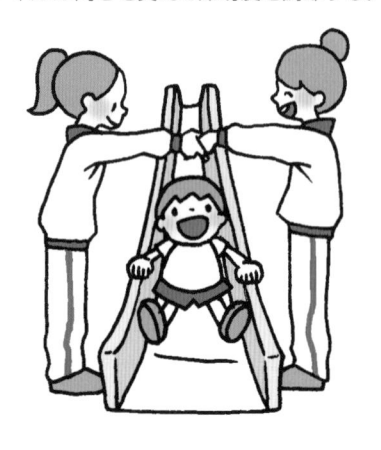

4 あおむき滑り（4歳～5歳児）
・両足を伸ばして仰向けで寝た状態で滑る。
・手を上に挙げる、下に下ろす、胸の前で組むなど様々な態勢で滑る。
・慣れてきたら目をつぶってみる。

★**支援のポイント**
・前の人が滑り終わったことを確認してから滑り始めるように言葉かけをする。

★**留意点**
・順番を守り、階段や滑り台の上でふざけ合ったり押したりしない。
・身体を傷つける恐れのあるものを身につけない。

2. ジャングルジム

- **教育的なねらい**：頂上に登った時の達成感を感じる。
  - ：高さや足下の不安定さに対する恐怖心を克服する。
  - ：多くの子どもが同時に遊ぶので譲り合いながら一緒に楽しく遊ぶ。
- **養護的なねらい**：夢中になって長時間遊んで手にまめができないように気をつける。
- **遊びで育つもの**：「登る」「降りる」「くぐる」といった様々な身体の使い方を身につける。
  - ：「逆さ感覚」や「回転感覚」といった身体感覚を身につける。
  - ：不安定な足場で姿勢を保持するために必要な平衡感覚を養う。

遊び方

1 登り降り（3歳〜5歳児）
- しっかりつかまって下から上へ頂上を目指して登る。頂上に着いたら降りてくる。
- 慣れてきたら斜めに登る、内側でパイプをくぐり抜けながら頂上まで登る、後ろ向きに降りる等、様々な登り方・降り方に挑戦する。

3 だるまさんが転んだ（4歳〜5歳児）
- 鬼以外の子は頂上からスタートして、鬼にタッチできるよう移動する。
- 片手など難しい姿勢でも鬼につかまらないよう身体をしっかり支える。

2 出会ってジャンケン（4歳〜5歳児）
- ジャングルジムを色々な方向に移動し、途中で友だちに出会ったらジャンケンをする。
- 片手で身体を支えつつ、もう一方の手でジャンケンをする。

4 鬼ごっこ（4歳〜5歳児）
- 鬼を1〜2人決める。鬼は地面からスタートし、鬼以外の子は散らばって逃げる。
- 鬼にタッチされたら鬼を交代する。
- 制限時間を決める。

★支援のポイント
- 色々なところをくぐったりするように外から声をかける。

★留意点
- パイプをしっかり握り落下に気をつける。
- 滑りにくい靴・脱げにくい靴であるかを確認する。サンダルなどでは遊ばせない。
- 登っている人の服や足を掴まない。

3. 登り棒

教育的なねらい ：上まで登った時の達成感を感じる。
：うまくいかなくても根気強く挑戦する。
：どうしたらできるようになるのかを考えながら遊ぶ。

養護的なねらい ：降りてくる時に摩擦で手が熱くならないように気をつける。

遊びで育つもの ：自分の身体を支えるための「握力」や「筋力」を養う。
：手足を上手く使える「協応性」を養う。

遊び方

1 よじ登り（4歳〜5歳児）
- 足の裏の使い方（足の裏で棒をはさむ）の感覚を身につける。
- 手と足のタイミングを合わせながら登る。
- 慣れてきたら隣の棒に移動してみる。

3 鉄棒まわり（5歳児）
- 両手で棒を掴み、逆上がりの要領で一回転する。
- うまく回れない子には保育者が補助する。

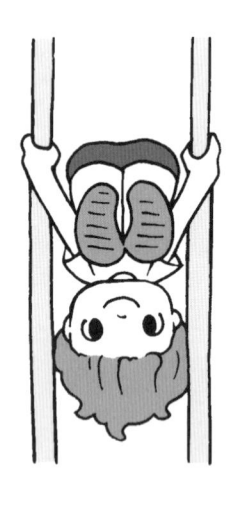

2 2本登り・2本降り（5歳児）
- 両手・両足を使い、2本の棒で登り降りする。

★支援のポイント
- 足の裏を使って登ることに慣れるまでは保育者が手で登り棒をつかんでストッパーの役割を果たす。
- できない子に対してどうしたら良いかを教える。

★留意点
- 登っている人の服や足を掴まない。

第4節　こどもの体操

　子どもの体操は、身体の各部位をまんべんなく動かして発育発達を助長し、器用さ、調節力、動きのリズムを獲得させるねらいを持って行われるものである。また現代の子どもは、身体が硬い子どもが多く見られるので、安全配慮と準備体操として行われる。この時、準備体操をおろそかにすると思わぬ怪我を引き起こし、遊びができなくなってしまう。遊びを継続して行うためにも、準備体操は実施したいものである。楽しくリズムに乗って、ただ動くのでなく、何処をどう動かしたら、目の前にいる子どもの発育発達にあっているかを考えながら動きを創作していくことも大切である。

子どもの体操を創作するにあたっての注意

① **発達段階を考える。**
　何歳児の作品なのかをよく考えて少し難度の高い動きを加えると効果がある。

② **身体の各部位の動きを調和よく取り入れる。**
　幼児の形態発育は、アンバランスであるため、急速な動きに注意し、4呼間1動作または2呼間1動作にする。

③ **幼児の動きやすい曲にするとよい。**
　曲選びは繰り返しのリズムがある曲を選ぶと良い。繰り返しの場所は同じ動きにすると覚えやすい。また、長くても3分以内の曲にすると良い。

④ **動きの順番は、心臓から遠い手足から始めて、身体全身の動きへと移行していく。**
　突如ジャンプなど動くのでなく、徐々に動いていく。
　（例）手→足→首→背→腹→胸→全身→深呼吸

⑤ **動きを多くしない。**
　色々な動きを入れたくても子どもの覚える能力には限界がある。
　3歳は5動作・5歳は8動作ぐらいの一連の動作にした方がよい。

⑥ **足を肩幅ほど開けて立たせること。**
　あまり足を大きく広げさせないこと（股関節を痛めるため）。
　逆に足をそろえたら不安定になるので、次の動作に影響を及ぼすため、足を開いたままでよしとする。

⑦ **動きを正確にさせる方法を考える。**
　見てわかる物の動きの模倣とか、擬態語・擬音語などの言葉で補う。

⑧ **手と足の動きのバランスを考える。**
　両手足が対称となるような動きを作品にするとよい。

1. 子どもの体操の創作

教育的なねらい ：いろいろなからだの動きを楽しむ。
：一つずつの動きを大きく、正確に行う。

養護的なねらい ：汗をかいたら着替えさせる。
：体操をした後にうがい・手洗いや水分補給をさせる。

遊びで育つもの ：正しい姿勢が身につく。
：バランスをとって、リズミカルに動けるようになる。
：姿勢の変化を体験し、表現を楽しみ、活発になる。
：発達段階に応じた体力がつく。

遊び方

1「てのひらを たいように」（5歳児）

ぼくらはみんな いきている いきているから うたうんだ
ぼくらはみんな いきている いきているから かなしいんだ
てのひらを たいように すかしてみれば まっかに
ながれる ぼくのちしお ーみみず だって おけら だって
あめんぼ だっ て みんなみんな
いきているんだ ともだちなんだ

「てのひらを たいように」やなせたかし作詞・いずみたく作曲

身体操作系の楽しい運動遊び

① ぼくらはみんないきている

1・2　3・4　5・6　7・8

（肩を上げ下げ運動）
手を顔の横に持っていき下ろす。

② いきているからうたうんだ

1・2　3・4　5・6　7・8

（首の運動）
左から横に倒し、戻す。右も行う。

③ ぼくらはみんないきている

1～4　5～8

（片足バランス・手の運動）
左足に体重を乗せ大の字になり手をキラキラ、右も行う。

④ いきているからかなしいんだ

1・2

（内回旋・背伸びの運動）
手を内廻しに1回する

⑤ 手のひらをたいようにすかしてみれば

1～4　5～8　1～8

（斜め前屈と胸の運動と体回旋）
左側に倒れ、右足体重になり伸びる、右も行う。

⑥ まっかにながれるぼくのちしお

1～4　5～8　1～8

左回りにウエストを回すようにする。

⑦ かえるだって　おけらだって　あめんぼだって

1・2　3・4

（上下肢の運動・ジャンプ）
左足を挙げ、右足軸で2回ジャンプする。この時両手で膝をたたく。止まる。右も行う。前述と同じ事を行う。

⑧ みんなみんな　いきているんだ

1・2　3・4　5・6　7・8

（捻転運動）
左にひねり、戻す。右も行う。

⑨ ともだちなんだ

（肩を上げ下げ運動）
その場で、手を叩きながら、
8呼間で左回り一周歩く。

1～8

❷「南の島のハメハメハ大王」(3歳児)

みなみのーしまの だいおうは そのなもいだいな
ハメハメハ ロマーンチックな おうさまで
かぜのすべてが かれのうた ほしのすべてが かれのゆめ
ハメハメハ ハメハメハ ハメハメハメハメ ハ

「南の島のハメハメハ大王」伊藤アキラ作詞・森田公一作曲

①南の島の大王(だいおう)は 
1～4 5～8
(腕回旋(クロール型))
左手を廻す。
右も行う。

②その名も偉大(いだい)なハメハメハ 
1～4 5～8
(アキレス腱)
左に向かって左体重で左足アキレス腱を伸ばす。
右も行う。

③ロマンチックな王様で
④風のすべてが彼の歌

⑤星のすべてが彼の夢

1・2　　　3・4

1〜8

5・6　　　7・8

その場で拍手しながら8呼間左回りに一周歩く。

（背腹の運動）
縮んで、左足を出して伸びて。右も行う。
前述のと同じ事を行う。

⑥ハメハメハ
⑦ハメハメハ

⑧ハメハメハメハメハ

1・2　　　3・4

1〜8

5・6　　　7・8

（内回旋・手首の運動）
手をキラキラさせて一周させる。

（ジャンプ）
2回ジャンプし、大の字で止まる。前述のと同じ事を行う。

★支援のポイント
・発達段階に応じて、動きの個数の配慮をする。
・左右の順番が違っても、思いっきり動けるようにする。
・創作で選曲は子どもが覚えやすいものにする。

★留意点
・既製作品・創作作品の動きを無理矢理させるのではなく、変えていく柔軟な心が大切。

第4章 道具操作系の楽しい運動遊び

　道具を用いた運動は、幼児期に身につけるべき操作系、平衡系、移動系の基本運動スキルの向上やバランスのとれた運動能力を育てる上で効果的である。とくにボールや縄、フープなどの小型遊具は、子どもの遊びの手がかりとなり、遊具に合わせて自分のからだをコントロールする内容が含まれているため、協応性を高め、安全能力を養う意味でも有効である。

第1節　楽しいボール運動遊び

　ボールには片手で持てるものから両手で抱えるものまでいろいろな大きさがあり、さらに材質や重量、弾力など多種多様で、ボールの特性により変化のある遊びを楽しめる。

　ボール運動では、持つ・抱える・乗せる・足で挟む・転がす・投げる・捕る（受ける）・つく・弾ませる・打つ・蹴るなど、操作する動作の獲得に加え自分のからだをコントロールする能力、柔軟性やリズム感を養うこともできる。とくにボール投げの臨界期は幼児期といわれており、この時期にボール投げ動作（肩関節を大きく回す運動）を身につけることはとても重要である。また、集団遊びにも適しており、友だちと一緒にドッジボールなど、ルールのある遊びを楽しむこともできる。

1. ボールを投げる運動

教育的なねらい：いろいろなボールの投げ方を楽しむ。
　　　　　　　　：楽しみながら進んでいろいろな的に当てようとする。
養護的なねらい：遊んだあとに手を洗う。
遊びで育つもの：ボール投げの基本的な動作を身につける。
遊び方

1　ハイタッチのように手をたたこう→新聞紙アタック
　ボールを投げる前段階として、肩関節を大きく回し、手や腰の動かし方の練習になる運動。大人が出した手を、ハイタッチの要領で思い切りパチンとたたく（うまく当たるといい音が出る）。
　手をたたくときと同じ要領で新聞紙をたたいて破る。子どもの身長に合わせて手や新聞の高さを変えてやると良い。

2　飛行機とばし・メンコ遊び
　紙飛行機とばしの動作は（メンコ遊びも）ボール投げと同じ肩関節を大きく回す運動なので、自然にボール投げが上手になる。

3 的当て遊び

的（ペットボトルやコーン、段ボール箱、壁に貼った絵など）をめがけて、思い切りボールを投げて遊ぶ。それぞれの能力に合わせて、ボールや的の大きさ、種類をかえて遊ぶ。

★支援のポイント
・投げやすいボールを選ぶ。保育者が投げ方のお手本を見せる。

★留意点
・人数にあった数のボールを準備し、不要なボールは片づけておく。

2. ボールを捕る（受ける）運動

教育的なねらい：友だち（相手）と協力して、楽しみながらボールで遊ぶ。
：いろいろなボールで遊ぼうとする。
養護的なねらい：遊んだあとに手を洗う。
遊びで育つもの：ボールの動きに合わせて身体をコントロールできるようになる。
遊び方

1 ころがしキャッチボール

2人で向かい合って開脚座りをし、ボールを手で投げたり転がしたり捕ったりする。慣れてきたら手のひらや肘、脚で転がしたり、ボールの種類を変えたり、3～4人で転がして捕ることを楽しむ。

2 投げ上げキャッチ

ボールを「ロケット発射みたいに」できるだけ高く投げ上げて捕る。慣れてきたら、手をたたいて捕ったり、ワンバウンドさせて捕る。長座姿勢から投げ上げ、立ち上がって捕る。立った姿勢でボールを投げ上げて座って捕るなどもやらせてみたい。

3 キャッチボールリレー

1チーム8～10人で遊ぶ。1チームを2グループに分け、向かい合って並ぶ。先頭の子が相手グループの先頭にパスして、相手グループの最後尾に並ぶ。これを何度も繰り返す。

慣れてきたら、他のチームと1巡するまでの早さを競争（全員が終わったら、急いで全員が座る）してみる。どのチームがボールを落とさないで1番早くできるか競争する。ボールを落としたら最初からやり直すなど、ルールを作っても面白い。

★支援のポイント
・扱いやすい硬さや大きさのボールを選ぶ。
・保育者も一緒にあそびながらお手本を見せる。

★留意点
・人数にあった数のボールを準備し、不要なボールは片づけておく。
・予想外のところにボールが飛んでいくため、スペースを十分にとって行う。
・いろいろな大きさのボールや、スーパーのレジ袋、新聞紙などで作ったボールでやっても面白い。

3. ボールを蹴る運動

- **教育的なねらい**：いろいろな大きさのボール蹴りを楽しむ。
- **養護的なねらい**：他児にぶつからないよう、スペースを十分確保する。
- **遊びで育つもの**：くりかえし練習することで、できるようになることを知る。
 ：連続リフティングができるようになる。

遊び方

1 石けり遊び

石（スポンジ、ペットボトルの輪切りにしたもの、バスマット：6〜7cm角に切ったもの、ガムテープの芯など）を繰り返し蹴って遊ぶ。

2 ビニール袋キック

レジ袋などに柔らかいボールを入れ、足の甲でボールを蹴る。慣れてきたら「イッチ・ニのサン」のタイミングで強く蹴る。ボールが遠くにいかないので、蹴る練習が連続してできる。

3 バウンドリフティング

1回地面に落として、バウンドしたボールを足で軽く蹴る。1回蹴ったら、またバウンドさせてから軽く蹴る。これを連続させる。上手くなってきたら1回バウンドさせて2回連続して蹴るなど、連続リフティングにつなげるようにしていく。

★支援のポイント

・扱いやすい硬さや大きさのボールを選ぶ。

★留意点

・人数にあった数のボールを準備し、不要なボールは片づけておく。

第2節　楽しい縄跳び遊び

縄跳びは古くからある遊びの一つで、生活の中から生まれた遊びである。この運動は、1本の縄での1人遊びの縄跳びや集団での遊びなどが、比較的狭い場所でも実施できる。また、縄をライン遊びの用具として多面的な遊びが展開できる。

縄の一定のリズムを予測して体を動かす必要があり、他の用具を使った遊びよりも難易度は高いが、上手に跳べたときの達成感や充実感があり、心の成長にもつながる。

1. 縄の長さ（縄の選び方）

必ず子どもの身長に合わせて調節する。グリップを握り、片足でロープを踏んだときにロープの端が胸と肩の間にくるようにする。幼児は大きく腕をまわして縄をとぶので、最初は少し長めにしておき、上手に縄がまわせるようになってから短くしていくとよい。

幼児用縄跳びは、グリップは16cmくらいで、ロープとグリップがなめらかに

回転するものがよい。体に当たっても痛くないという理由から「綿のロープ」が採用されることが多いが、上手に跳べるようになってきたら、適度な質量があり空気抵抗が少なくてまわしやすい太さ（直径 4mm）の中がつまったビニールロープがよい。

2. 縄の回旋の発達と練習法

　子どもが、縄の性質や用途、扱い方に慣れ、縄をまわせるようになることが大切である。一番のポイントは腕のまわしで、初めは上手く縄をまわすことができないが、繰り返し練習することにより、スムーズに縄をまわせるようになる。次にジャンプと縄まわしという2つの動作をタイミング良く組み合わせる練習が必要である。保育者は縄と一体になったからだのリズムや空間認識を育てるよう、楽しく繰り返し練習できるような言葉がけや練習法を工夫する必要がある。

3. 縄跳びの発達段階と指導法：前跳びに挑戦

- **教育的なねらい**：縄跳びの楽しさを味わう。
- **養護的なねらい**：（かなり運動量が多いので）汗をかいたら着替えさせる。
- **遊びで育つもの**：縄を回すタイミングとジャンプのリズムを合わせる。
- 　　　　　　　　：リズミカル、かつ連続的な動きを身につける。

遊び方

1 手つなぎジャンプ

　連続ジャンプができない場合、子どもと保育者が両手をつないで「ピョン、ピョン、ピョン…」と、一緒に跳ぶ練習をする。最初はゆっくり、繰り返し練習により、だんだんテンポを速くしてもできるようになってくる。

2 音合わせ1人ジャンプ

　「タン、タン、タン…」と、保育者が太鼓や手たたきで音を出し、子どもはその音に合わせて跳ぶ。足の裏全体ではなく、つま先で連続ジャンプができるようになるとよい。

3 手たたきジャンプ

　次は子どもが、跳びながら自分で拍手して音を出す。1回のジャンプで、1回「パン」と手をたたく。手をたたくのはジャンプして上がったときにする。ジャンプと音のリズムが同じになるように、これで足と手の協応動作が身につく。

4 片手縄まわし：縄をまわすという動作に慣れさせる

　1本の縄を半分に折り、片手で持たせる。頭の上でくるくる回して「ヘリコプターみたいに」からだの横で回して「自動車だよ」など言葉かけを工夫してみる。「頭の上（右手・左手）→からだの右側（右手）→からだの左側（左手）」これを1セットとし、慣れてきたら大きくまわしたり、音楽や音に合わせて、小さく・早く・遅くしたりできるようにする。

5 縄床うちジャンプ

縄跳びのグリップを両手に持ち、縄を後ろから前にまわして前方の床を打つようにする。打った後は、床上の縄を両足ジャンプで前に越える。「バシッ！ピョン、バシッ！ピョン、バシッ！ピョン、…」と続けて行う。

1回は跳べるけれど、連続跳びは難しいという子には、縄跳びを持たせないで両足跳びを何度も練習させる

6 トントン跳び：1回旋2跳躍

1回跳びからすぐに1回旋1跳躍は難しいので、まず1回旋2跳躍を目標にする。1回縄をまわす間にトントンと2回ジャンプするテンポが（縄を速く回す必要もなく、「トン、トン」というリズムが）幼児にはなじみやすい。

この「トントン跳び：1回旋2跳躍」は、縄が目の前を通って地面にあたり（ビュン）、次にジャンプを2回（トン、トン）する。最初のジャンプで縄を跳び、2回目のジャンプのときに縄が頭上を通過している。この「ビュン、トン、トン」のリズムが大切である。縄床うちジャンプで練習した縄を振り下ろす動きが「ビュン」で、次に「トン、トン」と2回ジャンプしながら、縄を頭上までまわしてくる。この繰り返し。「ビュン、トン、トン」「ビュン、トン、トン」縄が地面に当たる音と、着地する際の靴音を意識させながら、リズミカルにやらせてみる。まずは連続して跳ぶ喜びを味わわせることが大切で、何度も繰り返し行うことで運動の統合が起こり、上手に前跳びができるようになってくる。

最初は肩を支点に縄をまわしているが、慣れてくると次第に肘が支点、手首を支点にというように動作が変化してくる。

7 連続その場両足跳び：1回旋1跳躍

一定のリズムで1回旋2跳躍ができるようになったら、1回旋1跳躍に挑戦させてみる。一定のリズムで縄の中央部分を跳ぶこと、その場跳びで大きく移動しないことが重要なポイントである。これらを子どもたちに気づかせ、言葉で表現できるような取り組みを保育者が意識するとよい。

8 歌に合わせて長縄跳び

①**大波小波**：大波小波で左右に揺れる縄を跳びこす。「ぐるっと回って猫の目」の「ぐるっと回って」で大きく縄が一回転、それを跳びこし、「猫の目」で縄をまたいで終わり。幼い子どもは左右に揺れる縄を跳びこすだけでも良い。保育者は、個人差に応じて縄をまわすスピードを調節したり、子どもが着地時に捻挫しないように注意する。

②**お嬢さん！お入りなさい！**：最初は縄をまわすのではなく、左右に揺らす。保育者が「お嬢さん！お入りなさい！」と歌い、子どもがタイミングを合わせて、縄に入って跳ぶ。まず縄を跳ぶことを練習する。子どもも一緒に歌いながら跳ぶだけでよいが、慣れてきたら跳びながらジャンケンをして、負けたら出るなども面白い。子どもが上手になってきたら、回転している縄でやってみるとよい。

★支援のポイント
・身体の大きさにあった縄を選ぶ。リズムに合わせ、かけ声をかける。
★留意点
・保育者は、友だちを認めることや順番を守るなど気を配る。

第3節　フープを使った楽しい運動遊び

　フープは、合成樹脂製で軽く、子どもでも扱いやすい用具である。古くから世界中の子どもたちが、いろいろな大きさの輪を用いて、回したり転がしたり、投げたりしてあそんできたものが原型になっている。
　フープは子どもの創意工夫しだいで、転がす・回す・くぐる・跳ぶなど、いろいろな遊びが展開できる。また、カラフルな用具特性を生かし、色の識別などの要素も取り入れることができる。

教育的なねらい：用具の形状や特性を理解して楽しむ。
　　　　　　　　：進んでいろいろなあそびをしようとする。
養護的なねらい：フープのつなぎ目（ゆるみや脱落）に注意する。
遊びで育つもの：フープの動きに合わせて身体をコントロールできるようになる。

遊　び　方

1 乗り物ごっこ＋生活編
　フープを車など乗り物に見立てて遊ぶ。
　①自転車：フープを脚の間にはさむように両手で持って走る。
　②車：フープの中に入り、両手で持って走る。
　③電車：フープを紐で連結し電車に見立て、子どもが中に入って両手で持ち一方向に進む。先頭の子が運転手役になってスピードや方向を決めて進む。運転手役が交代できるよう配慮する。
　④生活編：掃除機をかける、風呂に入る、布団に入る。

2 フープ縄跳び（縄跳びの代わりにもって跳ぶ→走りながら）

3 フープを体で回す（腕、腰、脚で回す）

4 フープごま（フープをコマのように回す）
　誰のコマが一番長く回るか競争する。慣れてきたらフープが倒れて止まるタイミングに合わせてフープの中にジャンプして入る。

5 動くトンネル追いかけろ
　保育者が転がしたフープを子どもが追いかけ、フープの中をくぐり抜ける。慣れてきたら子どもが自分でフープを転がし、追いかけていってくぐり抜ける。

6 フープの島をわたっちゃおう

子どもを数チーム（1チーム8人ほど）に分け、スタートラインの手前に、チーム毎に1列で並ぶ。保育者の合図で先頭の子どもから、フープの中を片足跳びや両足跳びをしながら渡っていく。マットの上についたらバンザイジャンプをして、置いてあるフープの外側を走って自分の列に戻る。

★支援のポイント
- 保育者もフープの扱いに慣れておく。

★留意点
- 保育者は、友だちを認めること、励ますこと、順番を守ることなどに気を配る。
- 子ども同士で衝突しないよう、スタート合図のタイミングに配慮する。慣れてきたらリレー形式で行ってみる。

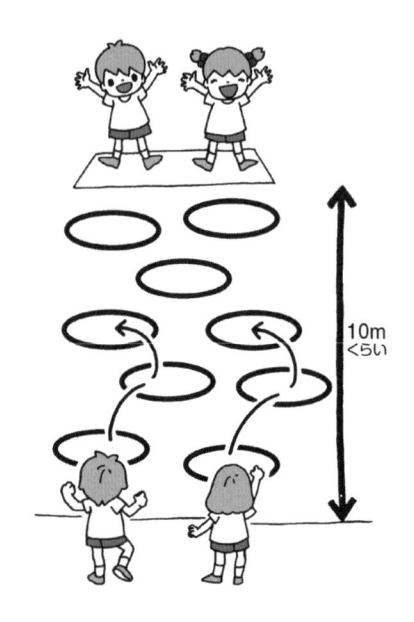

第4節　生活用品を使った楽しい運動遊び

生活の中でふれる身近な用具を用いて遊ぶ。身近な用具は可塑性に富み変化を自由に楽しむことができ、子どもの創造性を育むことができる。また、取り扱う中で物の性質を知り、探索欲求や知的好奇心を満たし、表現力を育むことにもつながる。

1. 新聞紙を使った遊び

教育的なねらい：紙の感触を楽しむ。
　　　　　　　　：友だちと協力して遊ぶ。
養護的なねらい：遊んだ後にうがいや手洗いをさせる。
遊びで育つもの：姿勢の変化を体験、表現を楽しむ。
　　　　　　　　：楽しみながら物の性質を知る。

遊び方

① 新聞紙を破いて遊ぶ。
②（慣れてきたら）ビリビリにしないで、できるだけ長くつながるように破る競争をする（長さ比べをしてみる）。
③ 破いた新聞紙でプールを作り（1カ所に集め）、中に入って遊ぶ。新聞紙を投げ上げて楽しむ。
④ 散らかった新聞紙を、子どもがブルドーザーになって集めていく。
⑤ 集めた新聞紙をレジ袋に詰めてボールを作る。
⑥ レジ袋のボールにマジックで色を塗る（絵を描く）。
⑦ このボール（新聞紙＋レジ袋）でサッカーやバレーボールをして遊ぶ。

1 忍者になって変身だ！ （子ども1人：1枚新聞紙を配る）
　①保育者の「家の中！」の声で、新聞紙の中に入る。
　②保育者の「床の下！」の声で、新聞紙の下にうつぶせになる。
　③保育者の「壁の中！」の声で、片足立ちになり、新聞紙の後ろに隠れる。
　④保育者の「変身！」の声で、両手で新聞紙を突き上げながら、ジャンプする。

2 川渡りの術 （子ども1人：新聞紙見開きの半分を配る）
　　新聞紙を半分に破り、2枚にして、1枚に片足ずつ乗せて滑るように歩き回る。慣れてきたら、ジャンケン列車を展開する。2人でジャンケンをし、負けた方が勝った子の後ろにまわり、肩に手をおいて列車になる。新聞紙から脚が離れないようにして、移動しながらジャンケンを続けていく。

★支援のポイント
・上手くいかない子は保育者とジャンケンをし、一緒に遊びながら援助する。

★留意点
・新聞紙の性質を把握する（縦方向に破れやすいが横方向は破れにくい）。

2. レジ袋で遊ぶ

教育的なねらい：友だちとルールのある遊びを楽しむ。
　　　　　　　　　：友だちと協力して遊ぶ。
養護的なねらい：遊んだ後にうがいや手洗いをさせる。
遊びで育つもの：姿勢の変化を体験、表現を楽しむ。
　　　　　　　　　：楽しみながら物の性質を知る。

遊び方
①レジ袋をたたんでしっぽ取りゲームのしっぽにして遊ぶ。
②ナイスキャッチ（→リフティング）：広げたレジ袋の持ち手部分を片手で持ち、高く投げ上げてキャッチする。慣れてきたら頭や背中、足でキャッチする。さらに慣れたら、両手両足を使って、手のひらで突き上げたり、足で蹴ったりして、地面に落とさないようにして、お互いに競争してみる。

★留意点
・夢中になると衝突してしまうので、スペースを十分とって遊ぶ。

3. 風船で遊ぶ

教育的なねらい：風船の動きに合わせて身体を動かす。
：いろいろな身体の動きを楽しむ。
養護的なねらい：遊んだ後にうがいや手洗いをさせる。
遊びで育つもの：楽しみながら風船の性質を知る。
遊び方

①お手玉風船バレーボール：風船を1人1個用意し、地面に落とさないように、バレーボールの要領で突く。慣れてきたら、2個に増やしてやってみる。子ども同士で競争してもよい。
②風船ベースボール：新聞紙を巻いてバットを作り、風船をボールにして、打ってみる。慣れてきたら、地面に落とさないように何度も繰り返し打ってみる。

★支援のポイント
・発達段階に応じて風船の大きさを調節する。
★留意点
・屋内か風がない日を選んで行う。

第5節　道具操作系の楽しい伝承遊び

　伝承遊びの内、多くの園で実施されている竹馬、こま、お手玉は幼児期の運動発達で必要な協応性の発達を促す保育教材といえる。竹馬は、平安時代から伝わっている遊びで、子どもたちは、山から竹を切り出し自分の能力に応じて横木の高さを工夫して取り付ける製作から遊びを始めたものである。竹馬の基本的な操作スキルの特徴は、二本の横棒に乗って、重心位置をコントロールしながら二足歩行をすることである。

　こまは、鎌倉時代以降の呼称である。こまの種類や形状は多種多様であり、それによって操作方法も異なる。ここでは、子どもの手指機能の発達に効用があると思われる「すぐり型」で心棒に紐を巻きつけ水平にあるいは上手で投げて遊ぶこまの操作性について述べる。

　お手玉は、江戸時代にはすでにお手玉と呼ばれ、全国的に使用されるようになった。お手玉遊びの原型は動物の距骨や石ころを使っての操作遊びである。布の中の内容物も石ころや小豆、大豆、ビーズ、数珠玉などが使われる、数珠玉は素材として質感が良く、操作時の感触もよい。

　お手玉の操作スキルは「突き動作」と「取り動作」に大別される。ここでは、「突き動作」について紹介する。お手玉の「突き動作」とは、両手にお手玉を保持し、右利きの場合は、右手で投げ上げると同時に、左手の玉を右手に移し、左手で落ちてきた玉を受け取る。

　左手で玉を受け取ると同時に右手で玉を投げ上げる。これは、右手の投げと受けのリズミカルな動作結合であり、「突き動作」の完成となる。目と手のリズミカルな操作スキルが子どもたちに達成感を与える。

1. 竹馬遊び

1 缶ぽっくり
- **教育的なねらい**：手と脚を使って缶を操作する楽しさを味わう。
  ：いろいろな歩き方を工夫する。
- **養護的なねらい**：安全な場所を見つけて歩く。
- **遊びで育つもの**：手と脚の協応能を育てる。

遊び方

　幼児期の前半で同側の協応動作は、手と足の協応動作の学習スモールステップとして缶ぽっくり遊びがある。缶ぽっくりは、缶詰の空き缶に紐を通して、歩行することによって同側の手と足の協応動作を学習する。

★支援のポイント
- 脚を上げようとすると同時に手で紐を引き上げるようにする。

★留意点
- 年齢に合った缶の大きさと紐の長さの調整をする。
- 安全な場所を選んで歩くようにする。

缶ぽっくり

2 やっとこ
- **教育的なねらい**：手と脚を使ってやっとこ操作する楽しさを味わう。
  ：いろいろな歩き方を工夫する。
- **養護的なねらい**：安全な場所を見つけて歩く。
- **遊びで育つもの**：手と脚の協応能を育てる。

遊び方

　やっとこの操作は右図のように重心位置を交互に移しながら前進する。

★支援のポイント
- バランスをとりながら左右の脚を交互に動かし歩く。

★留意点
- 年齢に合ったやっとこの大きさを準備する。

やっとこ

3 カニの横歩き
- **教育的なねらい**：手と脚を協応させ横歩きを楽しむ。
- **養護的なねらい**：背面の安全な場所を選ぶ。
- **遊びで育つもの**：手と脚の協応能を育てる。

遊び方

　手と足の協応動作の第2段階は、背中を壁につけたままで竹馬に乗り、右手と右足、左手と左足を協応させて、カニの横ばい歩行を行い、竹馬操作の感覚をつかむ。子どもに恐怖心を持たせないように竹馬の高さは低くしておく。

★支援のポイント
- 「右手、右脚」とことばをかけてあげる。

★留意点
- 年齢に合った高さに調整する。安全な場所で遊ぶようにする。

カニの横歩き

(4) 保育者が前に立ち、竹馬に乗ったままで直立姿勢を徐々に前傾させつま先に重心がかかる感覚をつかむ。

4 竹馬の操作発達

教育的なねらい：不安定な歩行の楽しさを味わう。
：いろいろな歩き方を工夫する。
養護的なねらい：安全な場所で遊ぶようにさせる。
遊びで育つもの：重心位置をコントロールする感覚を育てる。
遊 び 方

横木は低く(10～20cm)する。最初は重心位置が踵になるが前傾姿勢によって重心位置が次第につま先に移り、前に倒れそうになったら、手と脚の協応能動作によってはじめの一歩が踏み出される。

踵加重　　　　　重心が支柱の上へ　　　　　重心が前に　　　　　はじめの一歩

★支援のポイント
・前傾姿勢がとれるように保育者が前に立って支柱を支える。
・支柱がぐらぐらしないように小指と薬指でしっかりと握ること。

★留意点
・年齢に合った高さに横木を調整する。安全な場所で遊ぶようにする。
・支柱の把握位置はひじの高さとして、素足で足の親指と第二指で支柱を挟むとよい。

2. こま遊び

1 各種のこま

こまには地方によっていろいろな種類がある。幼児の手指機能の発達に効用があると思われる「すぐり型」で心棒に紐を巻きつけ水平に投げて遊ぶこまが適している。

各種のすぐり型こま

2 紐の巻き方

こま操作の未熟な子どもの場合は紐を巻く際の力の入れ方、抜き方が難しいので、慣れるまでは、水平面に心棒が出ているこまを使用するほうが容易である。

心棒が出ているこまの場合は、紐の端に小さな輪を作り、心棒にその輪をかけた後、心棒に巻きつけることで容易に紐巻きが完成する。

紐の巻き方は、遊びの目的によって、左巻きと右巻きに別れる。右手でこまを投げて、左手に乗せ

るような操作を行う目的の場合は右巻きが適当である。こまの回転時間を競ったり、相手のこまに投げ当てる様な目的の場合は、左巻きが適当である。

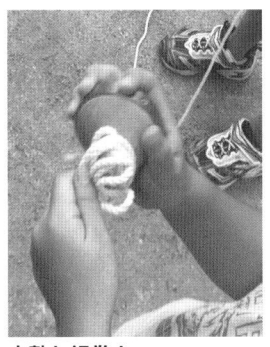

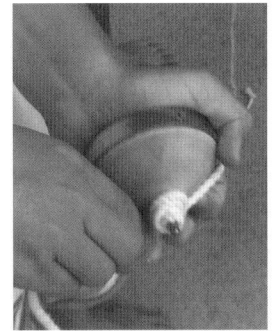

未熟な紐巻き　　**右手と左手の協応**　　**紐巻き習熟**

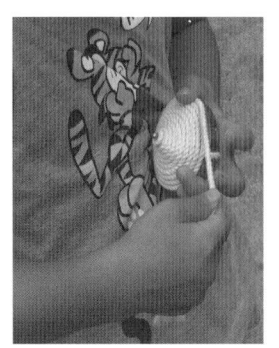

- **教育的なねらい**：こま回しの楽しさを味わう。
- **養護的なねらい**：安全な場所を見つけて回す。
- **遊びで育つもの**：手指機能と道具操作の原理がわかる。

遊び方

　こまを右手に持ち右側に投げる場合は、手首を後ろに引きスナップと腕の振り動作で紐の長さ分、遠くへ投げる。紐が伸びきるタイミングを感じ取って引き、こまに回転を与える。こまの上面が地面と水平となるような手指の使い方が必要で、手のひらを返すとこまの面が裏返しになり易い。

下手投げ動作

★支援のポイント
- 紐を巻くときの力加減を伝える。こまを投げるとき手のひらを返さないようにする。

★留意点
- 紐の巻き方が難しいので、やさしいこまから練習を始める。投げる方向の安全を確かめて遊ぶ。

3. お手玉の遊び

教育的なねらい：お手玉のリズミカルな操作を楽しむ。
養護的なねらい：遊んだあとに手洗いをさせる。
遊びで育つもの：目と手の協応能を育てる。

遊び方

1 お手玉の突き動作の学習過程

①右手で玉を投げ上げる時に左手も同時に投げ上げてしまう。右手と左手の神経系の未分化段階である。

両手の未分化な投げ動作

②右手の投げ上げる玉の高さがコントロールできない。前腕と手による粗協応段階。

高さが不安定な投げ動作

③右手による投げの高かさが安定してくる。手による出力調整能の習得。

高さの安定化

④左から右への動作結合。左手で受け右手へ渡す動作結合学習段階。

初歩的な移し変え動作

⑤移し変え動作の一時的な停止から連続動作へ。捕球時のエネルギー調整の習得段階。

★支援のポイント
・最初はお手玉1個で、投げ上げ、やわらかく捕球する感覚をつかむようにする。
・お手玉の投げる高さを頭の高さになるように意識させる

★留意点
・片手による投げ上げの高さのコントロールを学習し、右手から左手の移し変え動作がスムーズになるようにする。

まとめ

　本稿では筆者ら（2007）が保育者を対象とした伝承遊び調査で活用されていた遊具の内で主要なものについて検討した。遊具で学ぶものをまとめれば、竹馬は自身の重心位置を狭い支柱の面積内に制御する学習である。こま回しは、紐巻きにおける右手と左手の協応動作の学習と投げによってこまに回転を与える操作の学習である。また、お手玉は投げる-受けの動作結合と視覚の協応動作の学習である。これらの遊具は神経系の発達が著しい時期の学習課題として適していると思われる。これらは、子どもの世代間において伝承されて来た宝物といえる。しかし、昭和30年代のガキ大将役が消失している現代において、保育者がその役割を担わざるを得なくなっている。とくに、保育者をめざす学生達に習得してほしい遊具である。

NOTE

第5章 集団による楽しい運動遊び

　幼少期における集団遊びは、子どもが友達や保育者など人とのあたたかい関わりを築き、社会との強いつながりを見つける意味でぜひとも体験したい、大切なものである。子どもは、集団遊びを通して、ルールがあることを知り、ルールを理解するために言葉を覚え、自分の気持ちを抑えたり、他の友達の思いを受け止めたりすることを学ぶ。また、競争心を育て、自分のいいところを見つめ、他の友達のいいところを自分にも取り入れたいと思ういい機会にもなる。その過程の中で、全身を思いっきり動かすことができる。

第1節　いろいろな鬼ごっこ

　鬼ごっことは、誰かが鬼になり、みんなが逃げるのを追い、つかまった者が次の鬼になるという昔から親しまれている遊びの一つである。「追う」「逃げる」ことから成り立ち、その多くは「追いかけ鬼」が変形したものである。

　逃げる時は一生懸命逃げ、鬼になって追いかける時は必死に捕まえようとする。その際、戸外で思いっきりからだを動かす中で全身の運動能力の向上を図り、からだを安全に動かすことを学んでいくことができる。

　みんなが遊び手であり、審判の役割もこなす。スポーツのように厳密な約束事があるわけではなく、年齢、からだの大きさや男女の違いを考えながら楽しむことができるという良さがある。

1. これだけは覚えておきたい代表的な鬼ごっこ

教育的なねらい：戸外で思いっきりからだを動かす喜びを知る。
　　　　　　　　：進んで他の友達と関わりながら遊びをしようとする。
　　　　　　　　：友達と協力して遊びを楽しむ。
養護的なねらい：汗をかいたら着替えさせる。
　　　　　　　　：遊んだ後にうがい、手洗いをさせる。
遊びで育つもの：走る、止まる、曲がるなどの動作を身につける。
　　　　　　　　：相手の動きを考え、転ばぬように全身のバランスを保ちながら走る。
　　　　　　　　：ルールを守ろうとする中から、社会性を身につける。
　　　　　　　　：仲間（人数、異年齢、男女）や場所などの条件に応じ、遊びを創造する力を身につける。

遊び方

1 まる鬼（おしくら鬼）（3〜6歳児）
　　庭または床に外から触れられない大きさの円を描き、1人（または2人）の鬼を除いて全員が円の中に入る。鬼は外から円内の子を捕まえれば交替する。

★支援のポイント
- 鬼を2人以上で協力して捕まえようとするのも面白い。腕を持ったり、腰を支えたりと、体力や協力する人数によって変えることができる。
- 円が大きい場合は、中に飛び石を描いたり、ひょうたん形にしたりして捕まえられやすく工夫する。

★留意点
- 子は中心にいなければならないが、鬼の攻撃によっては動かなければならず、他の子を押すことにもなりかねない。危険な位置を知らせる必要がある。
- 鬼が2人以上で協力しあう際、体勢などをくずさないようにする。

2 へらし鬼、ふやし鬼（4～6歳児）

へらし鬼は、鬼を一人決め、子を捕まえる。捕まった子はその場に座る。鬼は、最後の一人まで捕まえる。

ふやし鬼は、捕まえられた子がすべて鬼になる。鬼になるとき、みんなに分かるように「おれは鬼だぞ！」などと宣言してから追いかける。誰が鬼になっているかを覚えておかなければならない。

★支援のポイント
- ふやし鬼の場合は、誰が鬼なのかわかりづらくなることもあるので声かけをする。

★留意点
- へらし鬼の場合、逃げている子は、つかまって座っている子の後ろに隠れるなどできる。

3 かげふみ（2～6歳児）

1人の子が他の子の影を踏むと、その子は捕まえられたことになるので、踏まれないように逃げなければならない。天気の良い日でなければならない。

★支援のポイント
- 最初は、影の存在を確かめることから始め、小さくしゃがんだら影も大きくなり、大きく伸びをしたら影も大きくなることを試すといいきっかけになる。
- 保育者が、子どもたちに影を踏まれることのないように小さくなったり逃げたりしてきっかけづくりをするとよい。

★留意点
- 少し雲のある時は、影が消えたり現れたりして、かえって楽しい。

4 ねことねずみ（4～6歳児）

　ねずみを1人、ねこを1人決める。その他の子は手をつないで円になる。ねずみはねこに捕まらないように逃げる中、円になっている子がそれを助ける。
　ねずみが円の中に入る時は素早く手を挙げて通す。追ってきたねこには、手を下げて邪魔をする。

★支援のポイント
・手をつないで円になって移動するので、声かけをしながら無理な動きは避ける。

★留意点
・円の中は安全地帯ではないため、ねこは手をかいくぐって入ってくる。ねずみと他の子どもの協力が必要である。

5 ウシとウマ（4～6歳児）

　1メートルほどの間隔で平行線を引く。全員を二組に分けて、うしの組とうまの組とし、平行線の上に向かい合って並ぶ。リーダーは、全員に聞こえるように「うし」または「うま」と言う。
　「うま」と言ったら、うまの組が逃げ、うしの組が追いかける。一定時間で終わるか、後方に安全地帯を設け、その中に逃げ込めば安全とする。安全地帯はラインの外側、または、円形を描く。うしの組がタッチすれば勝ちとなり、その人数で勝負が決まる。これを数回繰り返す。

★支援のポイント
・うしかうまかを言う時、「うー」と長くのばして言ったり、「う、う、う」と言ったりした後で、「し」とか「ま」などと言う。

★留意点
・ルールを理解するまでに時間がかかる子どもがいるので、フォローをする。

6 一人場所とり鬼

　鬼を一人決めておき、残りは子となって輪になる。鬼は輪のまわりを回り、適当な子を見つけて背中にしっかりとタッチする。その時、大きな声で「タッチ」と告げる。同時に鬼は輪の周りを走る。タッチされた子は、鬼の走った方向とは逆の方向に走り元の位置に戻る。鬼と子の競争になり、先に元の場所に戻れたほうが子となり、遅れたほうは鬼になる。

★支援のポイント
- 鬼と子が、走る方向を混乱するかもしれないので声かけが必要である。

★留意点
- 子の人数は10人以上いたほうが上手にできる。少ない場合は、子と子の間隔を広めに取る。

7 かくれんぼ

みんなが隠れているのを、鬼が探してつかまえるとても人気のある遊びである。人間を探して見つけるだけでなく、物を隠しそれを見つけ出すことも面白い。

★教育的なねらい
- 自分たちが遊んでいる環境、自分の住んでいる場所を知る。

★支援のポイント
- ただ遊ぶのではなく、隠れる場所を推理できるような声かけが必要である。

★留意点
- 自分のからだ全体を把握出来ておらず、隠れたつもりでも頭を隠して尻を隠さずということもある。かくれんぼは、自分を客観視できるようになるための第一歩ともいえる。

8 バナナに変身（2〜5歳児）

緑色のバナナをもった魔法使い（鬼）：
魔法使いは全員をバナナに変身させられるよう動き回る。
おさるさん：猿の動きを真似ながら動く。魔法使いのもつ緑バナナでタッチされたおさるさんは、両手を頭上で合わせ、全身を使ってバナナに変身。魔法にかけられた仲間（バナナ）を助けるには、2匹のおさるさんが両側からバナナの皮をむくように、頭上で合わせた手を開く（みんなで「ウッキー！」と叫ぶ）。

★支援のポイント
- 乱暴な行為はしないように注意する。
- 周囲の状況に目を向けられるように言葉がけをする。
- 発達段階に応じて、動きに配慮する。

★留意点
- 危険なものは取り除き、十分なスペースを確保する。

2. 鬼ごっこの応用編

1 色鬼
2人以上、何人でも遊ぶことができる。決められた色に触れている間は鬼につかまることはないが鬼が10数える間にまた逃げなくてはならない。

2 高鬼
2人以上、何人でも遊ぶことができる。地面より少しでも高い場所にいると鬼につかまることはない。

3 座り鬼
2人以上、何人でも遊ぶことができる。鬼につかまりそうになったら座る。座っている間はつかまえられることはないが、鬼が10数える間しか座っていることができない。

4 尻タッチ
たくさんの人数のほうが楽しむことができる。散らばったところからスタートする。誰でもいいので5人（または10人）お尻にタッチした人から順に並んでいく。

5 しゃがみ鬼
つかまりそうになったらしゃがむと、鬼はその子どもをつかまえられない。

6 木（金）鬼
木か金に触っている間は、鬼につかまえられない。

3. 室内の運動遊び

遊び方

1 フルーツバスケット（4～6歳児）
室内の時は、参加している子どもの人数より少ない数の椅子を用意しておく。鬼をひとり決め他の子は椅子に着席する。子には前もって三種類程度の仲間わけ（メロン、イチゴ、オレンジ等）をしておき、鬼に呼ばれたグループは他の椅子へ移動する。「フルーツバスケット」と呼ばれたら全員が移動する。椅子の数は参加人数より1つ足りないので座れなかった人が真ん中に立つ。

★支援のポイント
- 準備しておくもの―椅子（参加人数より一席少ない数）、お面（メロン、イチゴ、オレンジ等の絵を描いたお面。自分の好きな果物をクレヨンで描いて作ってもよい。）
- 鬼として最初は必ず先生が立つといい。

★留意点
- 野外では、席を地面に描くか新聞紙、ハンカチのようなものを置いておく。全員で動くときの合図（キーワード　例　フルーツバスケット）を決めておく。野外で座るときには、「あぐら」か「正座」にすると難しくなる。

2 ハンカチ落とし（4〜6歳児）

　鬼を一人以上（最初は一人のほうが良い）決め、他の子どもは円になって座る。鬼は円になって座っている子の後ろにハンカチを置く。置かれたことに気づいた子が鬼を追いかけ、座られる前にタッチすることができれば、鬼は再び鬼をしなければいけない。気づかずに、一周回って来た鬼にタッチされれば鬼が代わる。

★支援のポイント
- 鬼は置くふりをしたり、置いてもわざわざゆっくりと走ったりして悟られないようにするなど演技も必要になる。

★留意点
- 座っている子は、鬼の様子を見ながら推理する。座っている位置から素早く立ち上がり、手の位置がわからないように中腰の姿勢で動くなど、運動としての効果も期待できる。

第2節　集団によるボール運動

　ボールをころがしたり、追いかけたり、弾ませたり、投げたり、受けたり、蹴ったりなどボールを使うことでいろいろな動きを展開することができる。

　また、集団によるボール運動の中で、人とボールをパスすることによってコミュニケーションをはかることもでき、そのパスを応用させ簡単なボール遊びにも展開できる。

1. ボールに慣れながらできるルールのある遊び

　3歳では、友達と一緒にボールを使い、投げる、蹴る、ころがすなどいろいろ楽しむことができるようになる。4歳では、ボール遊びを楽しむ中で友達と協力して、ボールの動きに自分の動きを対応させる調整力を培っていく。5歳では、友達と協力してボールを使って遊ぶ中で、自分と相手の役割にきづきルールを守って遊び、ボールの動きと人の動きに対応して動く調整力を身につけることができる。5歳にもなると、野球、ホッケー、サッカーなどスポーツ性を感じさせるグループで遊ぶゲーム、チームゲームも徐々に楽しむことができるようになる。

　教育的なねらい：ボール遊びから得られる多様な動作を楽しむ。
　　　　　　　　　：積極的にいろいろな動作をしようとする。
　　　　　　　　　：子どもたち同士で工夫してルールを考えることができるようなる。
　養護的なねらい：汗をかいたら着替える習慣を身につける。
　　　　　　　　　：遊んだ後にうがいや手洗いする習慣を身につける。
　遊びで育つもの：多様な動きを習得し、攻防ある簡単なボール遊びの楽しさを知る。
　　　　　　　　　：攻防ある簡単なボール遊びを通して、味方、敵、ボールの動きを予測しながら、動くことができるようになる。
　　　　　　　　　：道具には正しい使い方があることを知り、使った後には片付けをする習慣を身につける。

　ここでは、ボールに慣れ親しむ過程から、チームゲームにつながる運動をいくつか紹介したい。

遊び方

1 ボール運び（3歳児〜）
子どもが縦一列に並びボールを股下や横、頭の上から次の人に送って楽しむ。

★支援のポイント
- ボールの大きさや重さにより、面白さも変わるので工夫を楽しむことができる。
- チームの対抗戦にすると意欲が増し、ボールを送るスピードも速くなる。
- 人数が多い時は、ボールを2つにすると忙しくなり面白さが増す。

★留意点
- ボールの扱いに慣れることができ、「からだを前に曲げる、横にひねる、からだを後ろに反る」運動ができるよう働きかけたい。

2 ボールころがし（4〜6歳児）
4〜6人で遊ぶゲームで、一人を除く他のメンバーは高這いの姿勢でまっすぐに並ぶ。一人はボールをころがしてそのトンネルを通す。

★支援のポイント
- 様々な姿勢でトンネルをつくって楽しむことを取り入れることができる。
- どれだけ離れた位置からボールを転がすことができるかを競争しても楽しい。

★留意点
- ボールをまっすぐにころがし、ころがるボールに合わせて場所を移動することができるようになることを意識したい。

3 打って遊ぼう〜野球ごっこ（4歳児）
バットの代わりに手で、紙ボールやカラーボールなどを打って飛ばして野球をする。

★支援のポイント
- 地面に置かれたビーチボールを打つことを試す。
- 次に保育者が、子どもが打つことができそうなボールを投げる。
- ルールについては、打つ人、そのボールを拾う人など混乱するが、子どもから出てくるいろいろな意見を聞きながら調整するとよい。

★留意点
- 打つ場所、打った後はどこへ走るのか、ボールは誰が拾うのかなど基本的なルールを決めて始めるといい。
- ボールをよく見て、打つように声かけをする。

4 けって遊ぼう①〜待て待てボール（3〜4歳児）
足でけって、ボールをけって追いついたらまたけって繰り返して遊ぶ。

★支援のポイント
- 段ボールなどに、怪獣やウルトラマンなどの絵を描いたゴールを作り、それを的にし、何人かでボールを運べたらサッカーのようになる。ボールをからだで止めて、友達に向って転がして遊ぶこともできる。

★留意点
- 直径10センチくらいのゴムボールで遊ぶとよい。

5 けって遊ぼう②（4歳児）
ボールを足で転がしながら、スタート地点を出発し、ポールを回って帰りボールを次の友達へしっかり渡す。

★支援のポイント
- ポールまでの距離は、5mくらいからはじめだんだん延ばしていくとよい。

★留意点
- この遊びでは、しっかりころがして、次の友達にわたすことになる。早く転がして競争に勝つことばかりに気持ちがいくと、自分がゴールすればゲームを終えたと思ってしまうことがあるので、自分の役割を果たすことを気づかせることも大切である。

NOTE

2. グループで遊ぶゲーム ～ドッジボール～

　1・2歳で、ボールに慣れ親しみ、3歳では、自由に自分でボールを喜んでころがして遊ぶことができるようになる。4歳では、ボールの扱いやボールの動きに対応して動く調整力が発達してくる。さらに、協力して遊ぶことに積極的になっていくのもこの時期である。やがて、5歳児になって、ボールの動きや人の動きに対応して動くことの出来るようになり、ドッジボールなどグループで遊ぶゲームにも参加できるようになる。

遊び方

1 ころがしドッジボール（3～4歳児）

　ボールをころがして当てる組と、ボールに当たらないようにする組とのゲームを楽しむ。直径3mくらいの円を描いておく。5～7名の二組に分かれ、円の外側と内側に陣取る。
　外側から中にいる子どもの足をめがけてころがし当てる。内側の子どもは、ボールに当たらないようにからだをかわす。時間を決めて（3～5分程度）交替し、最後まで残った人数で勝敗を競う。

★支援のポイント
- ルールを理解していないため、遊びについて行けないで、いつもすぐにアウトになる子どももある。他の子どもの遊びを「見ようね」と言って、一緒に友達の動きをよく見ながら確認して、気づいていくように手助けする。

★留意点
- ボールがそれることがあるので、初めは安全のために、当たっても痛くない紙ボールを使うなど工夫が必要である。

2 中当てドッジボール（4～5歳児）

　4歳児のころがしドッジボールは、転がるボールに当たらないようにかわして、逃げるだけだったが、中当てドッジボールは、投げる・受ける動作が加わってくる。

★支援のポイント
- ルールは、話し合って決めるのがいい。（例―中に入る人と外にいる人を決める。外にいる人は、中にいる人にボールを投げ、当てる。）
- 投げる動作は、ボールを投げる手と反対の足を一歩踏み出し、ボールを耳の後ろあたりまでひいて片手でねらいをつけオーバースローで投げられるようにするのが重要である。

★留意点
- ボールを顔にぶつけないように注意をよびかける必要がある。
- コートは、4～5mの正方形。ボールは、当たっても、受けても痛くないスポンジボールがよい。

3 対面ドッジボール（5歳児以上）

紅白に分かれて、それぞれ内側と外側につく。それぞれ相手のコート内にいる（参考：4〜5m×8〜10m）子どもに投げて当てる。内側にいる子どもは、相手の投げたボールにあたらないように避ける、受けても良い。

受けたボールは、相手コート内の子どもに当てるか、相手コートの外側にいる味方に渡す。ボールに当たったら、相手のコートの外側に移動して、相手に当てる役にまわる。

★支援のポイント
- できる子どもと、できない子どもの差が大きいので、それぞれの子どもが達成感を得られるよう工夫する。
- ボールから逃げるだけで、積極的にかかわろうとしない子が出てくるので、フォローが必要である。

★留意点
- ボールは、顔にぶつけないよう注意をよびかける必要がある。

3. グループで遊ぶゲーム　〜ボーリングごっこ〜

遊び方

1 ボーリングごっこ

ジュースの空き缶、ペットボトルを並べて、ボーリングを楽しむ。

何本か並べておいて、一度に何本倒すことができるかを何人かで競う。バラバラにおいて、何回で全部倒すことができるかをチャレンジする。

★支援のポイント
- ラグビーボールのように、形の違うもので行うなど工夫する楽しさを味わうこともできる。
- 子どもとともに独自のルールを考えて、ピンの位置や転がす距離、倒したピンはどうすればよいかなど、子どもたちと話し合いをして自分たちでルールを考えて発展させる。

★留意点
- ピンに使うボトルは、子どもと模様づけをするなど、おしゃれなボトル作りに励むこともできる。ボトルには、砂を入れるなどして安定させることが必要である。ピンになるものは、ジュースの缶、牛乳のパックなども使うことができる。

4. グループで遊ぶゲーム　〜野球ごっこ〜

打つタイミングが分かるようになるころ、野球ごっこを始めることができるようになる。

遊び方

1 フットベースボール（4歳児）

フットベースボールは、バットの代わりに地面に置いたボールを足で蹴り飛ばし、野球ごっこと同じように遊ぶ。

2 三角ベースボール（5歳児）

4歳児の野球ごっこは、ベースが二つであったが、今度は3つへ発展させて遊ぶ。ベースは、ホームベース・ファースト・セカンドの3つ。コートは、ホームベースを頂点に三角形の二辺のラインを延ばす。

★支援のポイント
- バットで打つルールを理解していれば、地面にボールを置いて蹴るので、すぐに遊ぶことができる。ホームベースと一塁だけのゲームから始め、遊び方は子どもたちと話し合いで決める。
- なかなか遊びがスムーズに運ばない、定着しないような場合は、子ども自身がルールを理解していない可能性が高い。繰り返し、ルールの説明をするなど保育者の努力が必要である。

★留意点
- 子どもがバットを周りに注意して使うよう声かけをする。安全上バットはビニール製を使用するといい。
- 打てるボールがなかなか来ないので遊びが長続きしないことがある。そのような場合は、ラバー・バッティング・ティー（アメリカより伝来）がある。いわゆるティーボールである。打つ高さを56〜68cmの範囲で調節でき、ティーの先が柔らかくしてあるのが特徴である。

5. その他の遊び

遊び方

1 サッカー遊び（円形遊び）

5〜6人のグループで円になり、その中でボールをキックしながら前に進む。ボールが円の外に出ないように、ボールが外に出た時はそこからやり直しとする。

手をつないで右（左）回りをしながら、ボールは反対方向へキックする。最初はゆっくり歩きながら、慣れてくればだんだん早く走ってみる。ボールをよく見ることが大切である。

2 バレーボール遊び

風船をボールにみたて、自由に打ち合って遊ぶ。

紐でネットを作り、バレーボールをするかのように演出するのもよい。

3 ホッケー遊び

平均台二つを両側において（段ボール箱などで工夫して作ったゴールなどもよい）ゴールにする。

スティックは、はじめは、新聞紙で作ったものを使用し、安全を確かめて随時子どもの使いたいスティックに変えていく。

ボールは、紙ボール、テニスボールなどを使用。

10×10メートルくらいのコート中央にハーフラインを引いておく。

ボールをハーフラインの中央に置いてスタートさせる。

初めは、スティックでボールを打ちゴールに入れる遊びを1対1で、次に2対2というように人数を徐々に増やしていき、4〜5名のチームゲームを楽しむ。

★留意点

3歳児では、ボールを使って遊ぶ場合、自分が使っていたボールを見失ってしまいまた別のボールを持ってくることがある。その結果、ボールが辺り一帯に転がっていることがある。それらに気配りをすることができず、転ぶ原因になることもある。一人一個の原則を守り余分なボールが足もとに転

がっていないようにする必要がある。4・5歳児の場合も、グループで一個を使うような場合、余分なボールが転がっていないことを確認することが大切である。

ボールの大きさ、重さ、素材、形などでボールの転がり方、弾み方が大きく違う。発達に合った、ボールを選ぶようにする。

片付けの習慣は、根気よく身に付けていきたいものである。元にあった保管場所に用具は、戻すことを守らせよう。

第3節　歌を伴う伝承遊びと身体表現

歌を伴う伝承遊びは歌と遊びが一体となっていることが特徴で、主にわらべうたとして遊ばれてきた。わらべうたとは日本の伝承童謡であり、子どもたちの遊びや生活の中で歌い継がれてきたといえよう。わらべうた遊びは、音楽的な表現、身体表現を豊かにするだけでなく、多面的に幼児の発育発達を促す要素を含んだ遊びであることを理解したい。また、保育者が子どもたちの中に自然に入ってともに遊ぶことができることもこの遊びの特徴である。歌を伴う伝承遊びを通して、たくさんの友達と楽しさや喜びを分かち合ったり、豊かな表現や創造性を育てていくことにつなげたい。

教育的なねらい：歌詞に感情をのせて歌い、自らの内面から沸き起こる様々な感情を楽しむ。
　　　　　　　　：遊びを楽しむための工夫ができるようにする。
　　　　　　　　：友達との共感や思いやりを大切にしながら遊ぶ。
養護的なねらい：集団生活の楽しさや充実感を持てるようにする。
遊びで育つもの：言葉、音楽、運動機能の発達を促す。
　　　　　　　　：自己表現が豊かになり、他者認識もできるようになる。
　　　　　　　　：協力、共感、いたわり、認め合いなどの態度を育む。
　　　　　　　　：勝つ喜び、負ける悔しさを味わう。
　　　　　　　　：ルールを守る大切さを学ぶ。ルールを工夫することができる創造性を養う。

遊び方

1 かごめかごめ（3～5歳児）

かごめ　かごめ　かごのなかの　とりは　いついつ　でやる
よあけの　ばんに　つるとかめが　すべった　うしろのしょうめん　だーれ

- この遊びの特徴は、円の隊形になって鬼の周りをぐるぐると回り、最後に鬼が次に鬼になる子どもを当てるというスリルと緊張感を含んだところである。
- 人数は10人くらいが適度である。

(1) 鬼を一人決める。鬼は目隠しをして座る。ほかの子どもたちは鬼を囲むようにして一重円をつくり、円の内側を向いて隣の友だちと手をつなぐ。
(2) 「かごめかごめ・・・」・・・歌と同時に鬼の周りをぐるぐると回る。
(3) 「うしろのしょうめんだあれ」・・・歌い終わると同時に鬼の真後ろに誰かが来るようにして止まり、みんなで一斉にしゃがむ。
(4) 鬼の後ろになった子は、「だーれだ」と鬼に質問する。
(5) 鬼は後ろの子の名前を当てる。
(6) 名前を当てることができれば鬼を交代し、当てることができなかったら鬼を続ける。

★支援のポイント
- 鬼の後ろになった子は、「だーれだ」の他に動物の鳴き真似をしたりしてもよい。
- 鬼が当てることができなかったときに、鬼が目隠しをしたまま鬼の後ろにいる子をさわって当ててもよいことにしたり、鬼に質問をさせて簡単なヒントを与えてもよい。
- 子どもたちが遊びを理解するまで保育者が一緒に入って遊ぶとよい。

★留意点
- 歌に合わせたリズムで円を歩くようにし、スピードが速くなりすぎないようにする。

2 はないちもんめ（4～5歳）

ふるさとまとめて はないちもんめ もんめもんめ はないちもんめ
となりのおばさん ちょっときておくれ おにーがこわくて いかれない
おふとんかぶって ちょっときておくれ おふとんないから いかれない お
かーまかぶって ちょっときておくれ おかーまないから いかれない
あのこがほしい あのこじゃわからん そうだんしよう そうしよう
このこがほしい このこじゃわからん

- この遊びの特徴は、最後に相手の組から指名された子ども同士がじゃんけんで勝負をし、その勝敗により仲間が増えたり減ったりするところである。
- じゃんけんの勝敗による一喜一憂(歌詞にも含まれている)や人数の増減の変化、前進の移動のスピード感などの迫力やスリルを楽しむことができる。
- 人数は10人から16人くらいが適度である。

(1) 2組同数に分かれて、横一列で手をつなぐ。それぞれの組で代表を出し、じゃんけんをする。
(2) 「勝ってうれしいはないちもんめ」・・・じゃんけんで勝った組が前進し、「はないちもんめ」の「め」のところで片足をポンと前にけり出す。負けた組は勝ち組の前進に合わせて後退する。
(3) 「負けてくやしいはないちもんめ」・・・負けた組が前進し、同様に最後の「め」で足をけり出す。勝った組は負け組の前進に合わせて後退する。  
(以降、勝組と負組でこの動きを繰り返す)
(4) 「相談しようそうしよう」・・・それぞれの組で集まって相談し、相手の組の誰をとるかを決める。
(5) 「○○ちゃん(くん)がほしい」・・・お互いの組がほしい子どもを指名する。
(6) 指名された子どもは真ん中に出てきてじゃんけんで勝負する。負けた子は勝った子の組に入る。
(7) 勝った組が先攻となり、繰り返し続けていく。

★支援のポイント
- 歌と歩調が合うと同じ組の仲間同士で一体感が持てるようにする。
- 子どもたちが遊びを理解するまで保育者が一緒に入って遊ぶとよい。

★留意点
- 周囲に危険なものがないか、事前に確認しておく。

❸ あぶくたった（4～5歳児）

あぶく たった にえ たった にえたか
どう だか たべて み よう むしゃむしゃむしゃ まだ にえ ない

- この遊びの特徴は、鬼と子どもとの問答にみられることば遊びの要素や最後の追いかけ鬼のような鬼ごっこの要素が同時に入っていることである。また、問答の部分は演技が入るためドラマのようでもあり、セリフの掛け合いを楽しみたい。
- 人数は8人から12人くらいが適度である。

(1) 鬼役と母親役を決める。ほかの子どもたちは子になる。母と子は鬼を囲むように手をつないで輪をつくる。鬼は目隠しをして輪の中で座る。
(2)「あぶくたったにえたったにえたかどうだか食べてみよう」・・・鬼の周りを右方向に回る。「食べてみよう」で輪を小さくして鬼のほうへ近寄る。
(3)「ムシャムシャムシャ」・・・鬼をつまむようにして食べる真似をする。
(4)「まだにえない」・・・歌いながら首をかしげて元の輪に戻っていく。
(5) (2)～(4)を何回か繰り返した後、「ムシャムシャムシャ」→「もうにえた」

(以下、問答)
母「戸棚にしまっておきましょう」(鬼を戸棚にしまう真似をする)
母「鍵をかけましょう」
子「ガチャガチャガチャ」(鍵をかける真似をする)
母「お風呂に入りましょう」
子「ゴシゴシゴシ」または「ジャブジャブジャブ」(体を洗う真似をする)
母「ご飯を食べましょう」(戸棚にしまった鬼を食卓へ)
子「腐っているよ」
母「じゃあ捨てましょう」(鬼を集団から離れた所へ連れていく)

母「お布団敷いて寝ましょう」
子「グーグーグー」(眠る真似をする)
鬼「トントントン」
母・子「何の音？」
鬼「風の音」(いろいろな音を答える)
母・子「あー、よかった」(両手を大きく回して眠る真似をする)
鬼「トントントン」
母・子「何の音？」
鬼「おばけの音！」(決め文句。おばけもしくはおばけに類する語)
母・子「キャー！」鬼に捕まらないように逃げる。最初に捕まった子が次の鬼になり、鬼は母親役になり母親役は子になる。

★支援のポイント
- 問答の部分をオリジナルで変えたり、鬼と母・子とのやり取りを何回か繰り返し行い、鬼は自由な発想と即興でいろいろな音を立ててみると楽しい。
- 子どもたちが遊びを理解するまで保育者が一緒に入って遊ぶとよい。

★留意点
- 鬼から逃げるときにぶつかり合わないように注意する。

第4節　集団による伝承遊び

　ここで紹介する遊びは、幼稚園・保育園の伝承遊び調査で、園での実施率が15%程度であった。筆者らが熱中した伝承遊びが忘れられようとしている危機感を覚え、本書で伝えておくべきだと思う集団的な遊びである。

1.Sケン遊び

　Sケンの特徴は、二つのチームの知恵比べである。すなわちチームのリーダを中心に作戦を立てる楽しさがある。ケンケンの上手な者は外の戦いに出かけ、相撲の得意なものは陣地内での戦いを受け持つなど、個にあった戦い方ができる。

　自分の陣地内にいても注意散漫、油断をしていると、外にいる相手から引き出され、アウトになってしまう。したがって相手の動きを注意深く観察し、集中する必要がある。陣地に残る者、陣地から出てケンケンで争う者、年齢や体力なども考えて行動する楽しさがこの遊びの特徴である。負けたチームがもう一度、挑戦を望むのもこのような知恵比べの要素を多分に含んでいる楽しさによるものである。

教育的なねらい：みんなで競い合うことを楽しむ。
　　　　　　　　：意欲をもって作戦を立てて競う。
　　　　　　　　：ルールを守って遊ぶ。
養護的なねらい：水分の補給、汗をふき、着替えさせる。
　　　　　　　　：乱暴な行動をしないようにする。
遊びで育つもの：みんなで協力する態度を育む。予測や判断能力を育てる。
遊び方

①Sケン遊びの準備：まず地面に遊ぶ人数に応じて直径5m程度の大きなエスの字を書く、その外側に直径1m程度の円を二つ書く（島＝休憩場所）。
②遊び参加人数は14名から16名程度が適している。これをA、Bの2チームに分ける。AとBチームは各々のエスの陣地に分かれて入る。
③陣地の中では両足をつけて動くことができる。
④陣地からの出入は、出入口からのみ可能である。
⑤出入口から外に出たならば、ケンケンで移動する。
⑥A陣地から出た者と、B陣地から出た者が、陣地の外で出会った時にはケンケン相撲となり、倒されたり、両足が地面に着いた者はアウトとなる。
⑦アウトの者は場外に出て応援に回る。
⑧相手の陣地に攻め入る場合は出入口から行う。陣地内に入ると、押し出し相撲となり、相手を陣地の外に押し出したり、引き出したり、倒れたものを抱え出すとアウトとなる。
⑨島は両足を着けて休息できるが、相手が入ってくると小さな土俵となり、相手から押し出されるとアウトとなる。
⑩勝敗はどちらかのチームのメンバー全員がアウトとなったら終了となり、残った方が勝ちとなる。その他、地域によっては、両陣地の奥に宝物を置き、それを早く奪った方を勝ちとするルールもあるが、全員をアウトにするルールがより楽しい。

★支援のポイント
・最初はケンケン相撲や土俵の中でのセーフ・アウトの意味を分かるようにする。
・みんなで簡単な作戦をたてるように言葉かけをする。

★留意点
・地面の石ころや危険なものを取り除いておく。
・ケンケンで移動しているとき後ろから突き飛ばすなどは禁止とする。

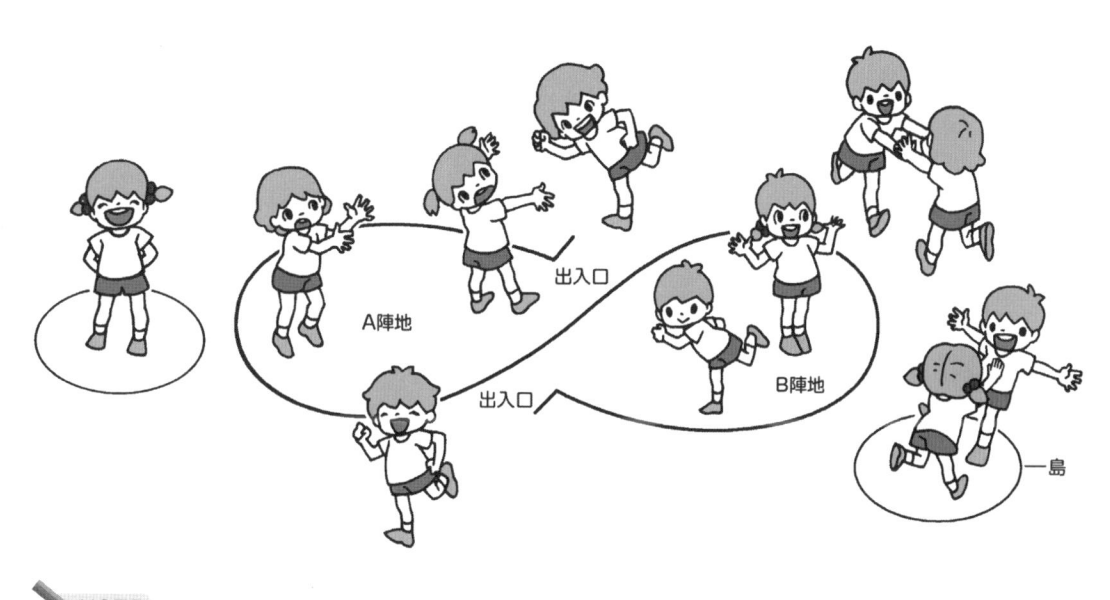

NOTE

2. 靴取り遊び

　靴取り遊びは、円内の制限された場所で行う鬼ごっこともいえる遊びである。鬼以外の子は、鬼の動きを予測し、敏捷に動く必要がある。そして、鬼は取った靴を取り返されないように注意し、逃げる子は、すきを見つけて靴を取り返す、スリルのある遊びである。

教育的なねらい　：追いかける逃げるスリルを味わう。
　　　　　　　　　：進んで靴を取り返そうとする。
　　　　　　　　　：ルールを守って遊ぶ。
養護的なねらい　：足がよごれたら洗わせる。
遊びで育つもの　：鬼の動きを予測したり敏捷な動きの習得。
遊　び　方

　図のような円を描く。外側の円は直径は3～4m、通路は50cm。
①遊びの人数：6～7名。その中から鬼を一人決める。
②鬼は十字路を両足で、円周はケンケンで追いかける。
③鬼が逃げ手にタッチすると片方の靴を取り、それを中央に置く。
④靴をとられた者はケンケンで逃げる。
⑤両方の靴を取られたら鬼と交代する。その他の者は鬼の隙を見つけて靴を取り返して、取られた人に靴を渡し、助けることができる。
⑥鬼の交替を2～3分で行ってもよい。

★支援のポイント
・鬼の動き方を見て、すばやく逃げる。鬼は取った靴を守りながら追う。
★留意点
・お互いに衝突しないようにする。年齢と人数によって円の大きさを調整する。

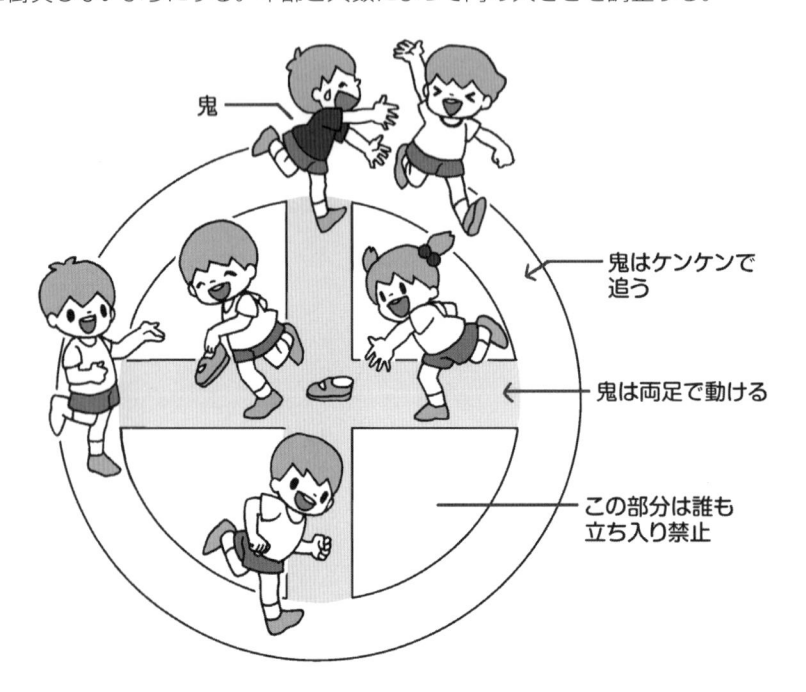

3. 田んぼの田

　この遊びは下図に示したように、田の字に書かれた場所を遊び場とした鬼ごっこである。鬼の動きを予測しながら仲間と協力して、鬼にタッチされないように田んぼを跳び越えながら回る楽しさを味わう遊びである。

教育的なねらい：鬼にタッチされないように田んぼをわたることを楽しむ。
　　　　　　　　：ルールを守って遊ぶ。
養護的なねらい：終わったら手洗いと、汗を拭き着替えさせる。
遊びで育つもの：鬼の動きの判断や予測能力を高め敏捷な動きの習得。
遊　び　方

①地面に図を描く、中央の通路に鬼がいて田んぼの中を移動する逃げ手をタッチする。
②遊び人数：8人程度
③鬼は中央のあぜ道を十文字に動くことができる。
④田んぼの中の逃げる者は最初2周田んぼを回ることを宣言して、出発点の区画から右回りにあぜ道を跳び越して最初の位置へ帰ってくる。
⑤途中でタッチされたものは田んぼの外に出て応援をする。
⑥全員が鬼にタッチされた場合は、最初にタッチされた者が鬼になる。
⑦10人のうち、一人でも2周すると全員が復帰して、第3周に挑戦する。次第に周の数が増えてくることを楽しむ。

★**支援のポイント**
・鬼の動きを見て動く。回った回数を声を出して数える。
★**留意点**
・お互いに衝突しないように声をかける。動き方の分からない子に動き方を教える。

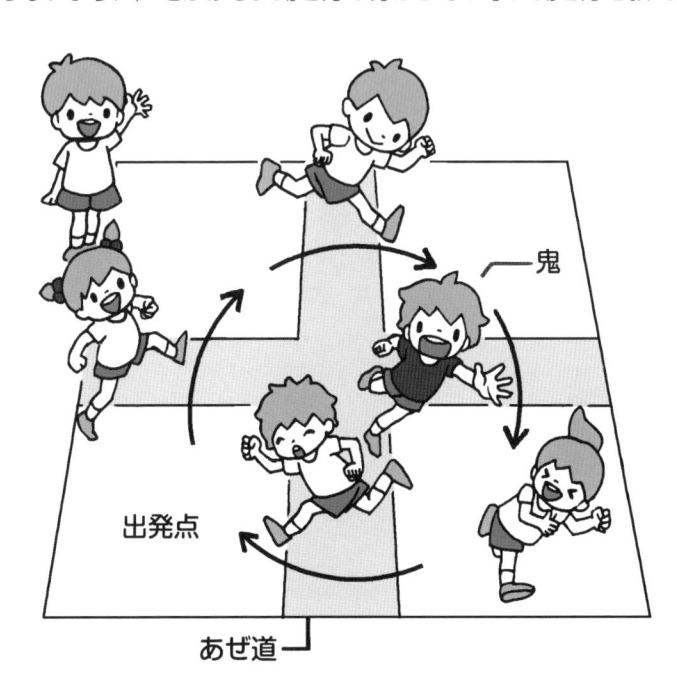

第6章 楽しい水遊び

　水環境での遊びは、陸上遊びとは異なり、水の特性を把握して指導する必要がある。浮力、水圧、水流、抵抗、温度差等である。子どもにとっての水中は日常生活とは異なった環境であるため、水中動作から受ける諸々の刺激は、不安でもあり、魅力となって遊びが展開していく。

　運動は常にリズムと連動している。ここでは、新しい水遊びとしてリズムや新しい遊具を取り入れたプログラムを紹介する。これはプールだけでなく、自然環境の中でも十分応用できる。

　自然環境下での水遊びは、安全への配慮として、環境の把握（危険物、水深、流れ、天候、水温、渦等）、子どもの体調確認、バディチェック(安全確認体制)、緊急時の対策、泳げない子、不安がっている子への配慮、水中で動きのおかしい子を発見したら大声で大人を呼ぶことを理解させる。

　水遊びでは、子どもが水になれ、水中での身体操作の楽しさや、意欲をそだてる。その結果、幼児の水に対する安全能力を育むことができる。

第1節　水慣れ

　水遊びの基本は幼児が水に慣れ親しみ、恐怖心を持たせないようにすることである。幼児は、お風呂や洗面など（小さな水）に対する恐怖心は持っていないが、プールなど(大きな水)の環境になると急に恐怖心を持つ子がいる。ここでは水温や水圧などの環境に順応する遊びについて述べる。

　楽しく水あそびを進めていく導入部分なので、慌てず、全員ができるまで指導者は待つ。

- **教育的なねらい**：水の感触を楽しむ。
  - ：進んで水に触ろうとする。
  - ：順番にプールに入ろうとする。
- **養護的なねらい**：退水時は頭からシャワーで清潔にさせる。
  - ：水滴を拭いて着替えさせる。
  - ：目を洗わせる。
- **遊びで育つもの**：水に対する皮膚感覚を育てる。
- **遊び方**

1 おしくらまんじゅう

　プールに入る前に、シャワールームかプールサイドで行う。グループでおしくらまんじゅうのように、背中あわせをする。指導者は足の方から水をかける。顔面に直接水をかけることは避け、頭部にそのまま流しかける。

2 からだぬらし

プールサイドに座り、手遊び歌を利用しながら、からだの末端から徐々に濡らしていく。キックを導入し、後の遊びにつなげる。
例　手遊び歌の伴奏にキーボード等楽器を使用すると興味が増す。

3 ペッタンコ合わせ

ペッタンコとはウレタン製の絵柄のカードである（手作り可能）。裏向きに浮かべ、トランプの神経衰弱のように絵柄をあわせる。決められた時間内に何組できるか競う。

4 カニさん歩き

プールサイドを両手でつかみ水面に口を出させる。口を確保する。左右に移動し、また、両サイドから決められた中心点まで競う。音楽や声かけをすると移動しやすくなる。

5 ビート板自動車歩き

両手をビート板の上に平行にのせ車を押す感じで、歩いて前進する。慣れてきたらグループにわかれリレー競争をする。バランスを崩しやすいので慌てさせない。

6 フープ鬼ごっこ

プール全面を使用、人数により狭くする。鬼がフープを持ち、追いかけて捕まえる。フープの中に入れられたら鬼となる。増やし鬼にしてもよい。

7 水中あっちむいてほい

顔は水上に出したままじゃんけんをし、あっちむいてホイをする。下向きの指示の時は水中にもぐる。
支援のポイント：怖がらないように横から声をかけ、徐々に水に触れさせる。

★留意点

- 足の方から少しずつ水かけをする。水に入る前に心とからだの準備が必要である。心臓から遠い部位から濡らしていく。運動も手先、足先から行う。水深は腰ぐらいに調節する。顔の側面からの水かけはさけた方がよい。

第2節　呼　吸

呼吸は水中動作を持続していく上で大切な要素である。習得できれば水遊びのバリエーションも広がり、大きなステップアップとなる。

- **教育的なねらい**：水遊びの呼吸の仕方を工夫する。
- **養護的なねらい**：鼻や耳に入った水を出させる。
- **遊びで育つもの**：水面での息継ぎのタイミングが良くなる。
  ：息の吐き方ができるようになる。
  ：自信がつく。

遊び方

1 お池で顔あらい

プールで両足を前に出して座る。両腕で円をつくり、その中に息を吐きながら顔をつける。声を出しながら行うと、抵抗が少ない。苦しくなり顔をあげた時に「パッ」と声を出させ、次に息を吸う。数を数えながら、もぐりっこをする。

2 水面ボールふき

水面にボールを浮かべ、息を吹きかけながら目的地に運ぶ。二人で向き合い、自分の前のボールを吹きあう。軽いビニールボールが良い。

3 にらめっことかもぐりっこ

にらめっこは「だるまさん」の歌を歌いながら、「あっぷぷのぷ」で口を水面につけてブクブクと息をはいて泡を出す。

もぐりっこは、プールの壁につかまるか、二人で手を繋ぎ、むき合う。1.2.3.のかけ声で水中にもぐる。長くもぐっていた方が勝ちとなる。

4 水中じゃんけん

水中でじゃんけんをする。勝ったら息継ぎができ、負けるとそのままもぐっている。このゲームは長くは続かないが、水中で目をあける準備にもなる。

5 カンガルー競争（ボビング）

水中で膝を曲げプールの底を蹴ってジャンプをして水面にでてくる。息つぎをしたら、水中にもぐる。水面に出たとき両腕は万歳の姿勢をとる。慣れてきたら同じ動作で前進移動する。

★支援のポイント
・入水時に保育者の合図にしたがって息を吐きながら入水する。
★留意点
・水中での呼吸の方法はなかなか会得しにくいため、陸上で、吸気、呼気、息止めと単独でやってみる。特に呼気のリズムを習得するのが難しいため、声を出させるとよい。

第3節　沈　む

水中で沈んだままの姿勢を維持するのはむずかしい。その方法を習得する必要がある。横位（うつ伏せ）は「第4節 浮く進む」へのステップとなる。

教育的なねらい：水中での姿勢の変化を楽しむ。
　　　　　　　　：自分で沈もうとする。
養護的なねらい：アンバランスな動きによる恐怖心を和らげるため、からだの一部分に触れてやる。
遊びで育つもの：息を吸い、止めれば浮きやすく、吐き出せば沈みやすいことを理解する。

遊　び　方

1 大きなたいこ小さなたいこ

グループで円をつくる。みんなで歌いながら、「おおきなたいこ」で両手を一杯に広げる。「どーんどん」で両手を高くあげる。「ちいさなたいこ」で円の中心に集まる。小さくなって、とんとんと水面をたたく。二回繰り返し最後は1.2.3でブーパッで水中にもぐり、みんなで水面に出てくる。

2 水中リングとり

始めは、水深の浅いところに沈め水上からリングをとってみる。個数や色の指定をして楽しく行う。順次水中へ誘導する。

3 ビート板上あるき

子どもが上にのっても沈まない大きな浮き板を使用する。プールサイドからスタートして浮いている板の上を歩く。片手を補助し歩ききったら水中へ足から飛び込む（水深に注意）。

4 水中もぐりっこ・水中だるまさん

イチ、二のサンで水中にもぐる。からだが浮上してきたら両足を抱きかかえからだを丸くする。指導者が数を数え、長くもぐれた方が勝ちとなる。

★ 支援のポイント
- お尻の部分を上から軽く押してやり完全に足をプールの底につけるようにする。お尻が下がれば姿勢の保持ができ立ちやすくなり安心感がうまれる。

★ 留意点
- 水慣れ段階のとき、平衡感覚を養う動作を習得しておけば、安心して沈むことができる。水の誤飲に注意する。

第4節　浮く進む

からだが浮き、進むことは、泳ぎへの期待と意欲が増し、大きな満足感を味わうことができる。

教育的なねらい：水に浮いた感覚を楽しむ。
　　　　　　　　：進んで水中を移動しようとする。
養護的なねらい：浮き身姿勢が保持できるまでからだを支える。
　　　　　　　　：浮き身から立つときに支援する。
遊びで育つもの：水中で浮くための姿勢ができるようになる。
　　　　　　　　：息を吸って止める要領がわかる。

遊び方

1 ワニさん

水深を浅く調整し、脚は揃えて後ろに伸ばす。不安があったり、慣れないと脚が伸びず、亀のような姿勢になってしまう。前進し慣れてきたら、バブルスをしたり、フロアーにつけている両手をバンザイ姿勢で離す。この時からだ沈んでも水深が浅いので安心する。からだが浮いたらキックをする。

2 ビート板だっこ浮き

ビート板を両手で抱きかかえ、上向きで浮く。からだが不安定な場合は首の後ろを支える。安定してきたら、後方に誘導しながら放すと、からだは浮き進む。キックすれば距離が伸びる。枕のようにビート板を後頭部に置いて浮くのも良い。

3 ヒコーキ

左右に広げた手にビート板を1枚ずつ持って歩く。慣れてきたら、プールの底を蹴って浮きキックをして進む。けのびやふせ浮きへとつなげる。

4 けり浮き競争

プールの壁か底を蹴って浮身姿勢をとる。息こらえの時間を競い合い長く浮き身姿勢を保つ。また、キックを加えればより距離がのびる。

5 リングくぐり

フープの輪を水中に縦に沈める。プールの底か壁をけって進みリングを通り抜ける、慣れてきたらリングの数を増やす。

6 とびつき競争

けり浮き競争の反対方向となる。各自の距離を見立て、プールサイドの方向をめざしてとびつく。スタート地点からプールの壁までの距離を競う。

7 浮いた、浮いた（上向き、下向き）

　向き合って、一人が相手の両脇を支えからだを浮かせる。脚の部分が下がっていたら、支えている人の足を使いからだを上に持ち上げる。水平に近い状態になったら、支えている人が後方に移動する。からだが浮いてきたら手を離せば、一人で浮き進む。キックをすれば自力で距離がのびる。
　同じ方法でからだを上向きにすれば、上向き姿勢となる。

8 ボール浮き騎馬戦

　ビーチボールのような軽いボールを使用する。抱きかかえて一人で浮く。
　友達とどちらが長く浮けるか競ったり、近づいて落としあいをする。

9 みんなで浮きっこ

　グループをつくり、みんなで円を作り手をつなぐ。「1.2.3」の号令で同時に浮く。全員の足は円の中心で合わせる。全員が浮いたら、円の外側からゆっくり回すと一体感が味わえる。順次人数を増やす。

10 いかだながし

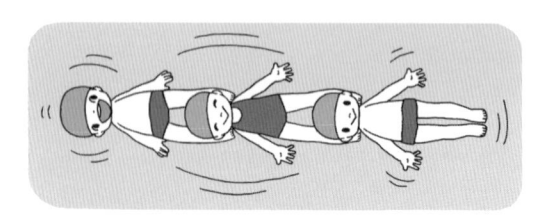

　縦一列に並び、先頭から一人で浮く、足先で次の子の頭部をはさむ、順次連なっていく。きちんと浮けない場合は補助をする。人数は順次増やしていく。

★支援のポイント
- 水にぬれることへの緊張をほぐすことが重要である。
- 浮き身と同時にキックをとりいれる。

★留意点
- 緊張をときほぐし、自分で沈むことを学び、安心感を与える。
- 浮き姿勢から泳ぎへの期待感をもたせる。

第5節　グループ遊び

教育的なねらい：友達と一体感を味わう。
　　　　　　　　：ルールを守って行動する。
養護的なねらい：不安感を持っている子どもの気持ちを受け入れる。
遊びで育つもの：仲間意識が芽生え、コミュニケーションがとれるようになる。

遊　び　方

1 じゃんけん電車
　最初は1対1でじゃんけんをする。負けた人が勝った人の後ろにつき、電車を作る。先頭の人がじゃんけんの資格があり、最後一本の電車になった方が勝ち。

2 ボール運び
　両腕の中にボールを複数いれ、決められた距離まで走って競争する。また、フラフープのような輪を利用してもよい。

3 水中玉入れ
　水面に大きな輪を浮かべる。二組に分かれ、離れた場所から輪をめがけてボールを投げ入れる。
使用するボールはビニールの柔らかい材質のものがよい。

★支援のポイント
・グループが均等の力を出せるように合図などを各自で声を出し合うようにする。

★留意点
・グループになると楽しさが増す。ルールをきちんと守らせ、悪ふざけを防止する。
・水に対しての緊張感を持つこと。
・達成感が味わえるように課題を準備する。

第 7 章 おとなと楽しむ運動遊び

　じっくりと赤ちゃんと関わった人はだれしも、予想以上に赤ちゃんが活発に動くことに驚くだろう。乳幼児の睡眠時間はおとなと比べ格段に多く必要であり、その印象が強いために、特に赤ちゃんは一見"寝てばかりいる"と思われがちであるが、起きている時の赤ちゃんは、かなり活発に動いている。

　身体機能が未熟であり、二足歩行ができない新生児にとっての"活発さ"とは、まず、「ゴクゴクと乳を飲み、排泄をし、不快な時に泣く」という、生きていく力そのものであるが、ほどなくそれに加えて、目で物をゆっくりと追えるようになり、腕を伸ばし手で何かを握ろうとしたり、腰から足を高く上げてクルクルと回転させたりと、その動きは未熟ながらも、伸びゆく命の力を感じさせてくれるものである。

　この心身の成長の萌芽期には、その未熟さを補うべく様々な適切なおとなの援助が必要とされるが、特に心と身体が未分化である乳幼児期は、身体の全ての機能の中において初期の運動機能の獲得が最も先んじて体得できるので、何はさておき、子どもの成長にあった適切な援助を積極的におこなう必要がある。それは、おとなが赤ちゃんを、抱いたり・おぶったり・ぶらさげたり・担いだり・ひっぱったり…という、スキンシップをともなう活動でもあるので、結果的に赤ちゃんの心を安定させる（援助側であるおとなの心をも安定させることがわかってきた）ことにもつながり、おとなが声かけをすることにより子どもの言葉やコミュニケーションの獲得にも大いに貢献する。

　この章では、おとなと楽しむ運動遊びについて、年齢をおって解説をする。なお、対象年齢が小さいうちは室内活動が中心になるが、室内でも屋外でも可能な遊びを紹介した。

第 1 節　乳児期

1. 誕生〜3ヶ月前後の遊び（首がすわるまで）

❶「はじめまして（声かけ）」

- **教育的なねらい**：いろいろ呼びかけの声を受け入れて楽しむ。
- **養護的なねらい**：人の声を聞いて情緒を安定させる。
　　　　　　　　　：快感の繰り返し体験。
- **遊びで育つもの**：聴覚（五感）、「ここ」が居心地のよい自分の居場所であること、「声をかけてくれた人が自分を守ってくれる人である」という認識→愛着・快感の繰り返し、情緒が安定する。
- **遊　び　方**

　名前や挨拶、身近な出来事などの声かけを、あやす時はもちろんのこと、授乳時・オムツ交換時・入浴の際などに、折にふれゆったりとおこなう。

★支援のポイント
・両親をはじめとして、赤ちゃんを見守ってくれる沢山の人に声をかけてもらうとよい。沢山のサポーターの存在は同時に両親の支えにもなる。

2 「抱っこ」

| 教育的なねらい ｜：人に抱かれたぬくもりを味わう。
| 養護的なねらい ｜：安心感を与える。
| 遊びで育つもの ｜：皮膚感覚・嗅覚・視覚（五感）。体幹の初期形成。
| 遊 び 方   ｜

抱くことに不安がある時は安定感のある横抱きがよい。一方の手を赤ちゃんの両足の間に入れ、もう一方の手を頭と肩の下に入れて赤ちゃんを軽く固定するようにして抱く。首が据わらない赤ちゃんを縦抱きにする時は、一方の手を寝ている赤ちゃんの首の下に入れしっかり支えた状態で、自分の身体を赤ちゃんに近づけて、もう一方の手で抱き上げる。

★支援のポイント
・抱いた時は赤ちゃんの目を見ながら、ゆっくりと話しかけたり笑いかけたりする。時には頬ずりなどもよい。

★留意点
・この時期の赤ちゃんの頭はまだ柔らかく首がすわらないので、小刻みにゆすり続けたり、激しくゆらしたりしない。長時間の縦抱きは赤ちゃんが疲れるのでさける。

3 「グルグルのおまじない」

| 教育的なねらい ｜：触られる感触を楽しむ。
| 養護的なねらい ｜：気持ちよい感覚が情緒を安定させる。
| 遊びで育つもの ｜：皮膚感覚（五感）。一日数回の適切な薄着や裸体験は身体全体を守る力をつける。手の温もりは赤ちゃんの気持ちを安定させるが、同時におとな（実施者）の側の気持ちを安定させる効果もある。また、子育てが初めてとなる親にとっては、赤ちゃんの存在を体感する大切な機会となる。
| 遊 び 方   ｜

赤ちゃんが安定しているときを見計らって赤ちゃんをゆっくりと少しずつ撫でる。へそを中心としたマッサージは排便促進効果もある。

★支援のポイント
- 保育者の体重が赤ちゃんにかかりすぎないよう、空いている手は机などに置くとよい。
- 時間を見計らうために歌などを歌いながらするとよい。
- この時を利用して肌のチェックもおこなう。

★留意点
- 肌の状態を確認し、必要に応じて肌着の交換などをする。

4 「はじめまして　おもちゃさん」

教育的なねらい	：いろいろなおもちゃを見て楽しむ。
養護的なねらい	：実施者との絆を結び情緒が安定する。
遊びで育つもの	：視覚・聴覚・皮膚感覚・口唇へのよい刺激となる。実施の際、声かけや身振りをともなうので安定した情緒の育ちとなる。

遊び方

赤ちゃんの手の周辺においたり、あやす時などに適宜用いる。

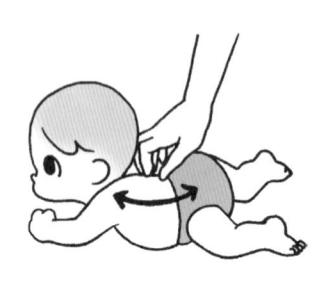

★支援のポイント
- 寝ている状態の単調な生活に、心地よい音や、わずかにキラキラする・少しフワフワするおもちゃの大きさ・重さ・長さ・素材など、適切で安全なものを選ぶ。

★留意点
- 清潔で安全なおもちゃを選ぶ。

2. 首がすわってから〜歩けるようになるまでの遊び

1 「抱っこ」「おんぶ」

教育的なねらい	：安らかな気持ちを味わう。
養護的なねらい	：スキンシップで心を安定させる。
遊びで育つもの	：体幹や体軸の形成・視覚・嗅覚

遊び方

首がしっかり据わった頃を見計らって、子どもの脇をしっかり持ちながら少しずつ高く持ち上げたり、左右にゆらす。

★支援のポイント
- 子どもの様子を良く見ながら行う。楽しめる子どもにはさらに複雑な動きを組み合わせてもよいし、怖がる子どもには無理に実施しない。

★留意点
- 首を激しく振らないように注意する。

❷「手足のなでなで体操」

教育的なねらい	：皮膚の感触を気持ちよく感じる。
養護的なねらい	：養育者とのスキンシップとそこから生じる安定感を与える。
遊びで育つもの	：自分ではまだ充分に動かせない腕や脚に、少しずつではあるが積極的に刺激を与え、四肢を含むダイナミックな動きを経験する。

遊 び 方

おとなの一方の手で、寝た状態の赤ちゃんの腕を持って軽く伸ばし、もう一方の手で赤ちゃんの手首より肩にかけてなでる。両腕を交互に行う。次に、腕を上方向に伸ばし同様に行う。足についてもお尻の付け根まで持ち上げ同様に行う。

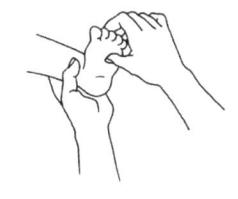

★支援のポイント
- 「シューー　シューー　シュウー」などの声かけをしながら1度に4〜5回行う。月齢にしたがって徐々に増やす。

★留意点
- 強くこすり過ぎないようにする。

❸「寝返りクルン・ハイハイ・たっち」「肩車」「おもちゃとあそぶ」「ブーラン　ブーラン」

教育的なねらい	：いろいろな動きを楽しむ。
養護的なねらい	：新しい動きができるようにし満足感をあたえる。
遊びで育つもの	：体幹が徐々に定まる時期に、更に左右のひねり運動も加える。ダイナミックな運動あそびは「心地よい疲れ・空腹→食欲増進」などの生活リズムの形成となる。

遊 び 方

仰向けに寝た赤ちゃんの一方の足を、もう一方の足の上に乗せながら、徐々に膝頭を地面につくように下半身全体を回転させていくと、寝返りが出来る。うつ伏せに慣れてくると顔をもちあげる。さらにこの状態に慣れた赤ちゃんに対し、保育者は、片ひざを曲げた赤ちゃんの足裏をしっかりと支え、前に押す。すると赤ちゃんは反射的にひざと股関節をのばし、これを交互に実施するとハイハイになる。ハイハイをする際に少しずつ首をあげられるようになったら、前方におもちゃを置くなどして、位置の目標を定めるとよい。子どもを立位にさせ両脇をしっかり持って床面との上下を繰り返す。腰が安定したら（バランスをとれるようになったら）、子どもの両手を持ったままの肩車の経験や、子どもの腋の下をしっかり持って上下左右に大きく揺らすことも可能である。

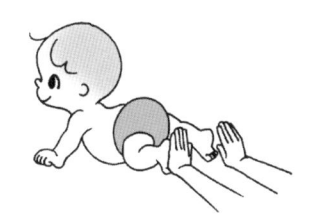

★支援のポイント
- 充分なハイハイを経験させるためにも、在宅の子どもは、地域の開放スペースなどを積極的に利用する。

★留意点
- 要領がよくわからない時は、ベテランの保育者などから指導を受けるとよい。床面等の安全確認を行う。

4 その他…「お散歩」「いないいないばー」子どもの好きな動作の繰り返し等

教育的なねらい：外歩きを楽しむ。
養護的なねらい：目新しく新鮮な経験・お気に入りの繰り返しの経験は満足感をえる機会となる。戸外から帰ったら、手洗い・着替えなどを実施する。
遊びで育つもの：歩行動作の習得。近隣地域の同年代の子どもを知る機会となる。

遊び方

ベランダや玄関先・近くの公園でも充分であるので、春秋冬は陽だまり・夏は木陰を選び、ゆったりとした時間をすごす。ハンカチ・お気に入りのおもちゃ・飲み物や簡単なおやつ・敷物などの一式を持って戸外にでる。行き帰りに目にする物の名前などを順番に語りかけるとよい。気に入った動作は繰り返して遊ぶことを好むので、おとなもその時間を共有する。

★支援のポイント
- 子どもをよく観ながら（子どもがどんな時に笑ったりしゃべったりするかなどをみるとよい）、安全に気をつけ心をこめて遊び相手になる。

★留意点
- 携帯電話は注意が散漫になるので使用をひかえる。
- 公園内などで飲食する際は、他の来園者にも配慮する。

3. 歩けるようになった頃の遊び

1 「お料理」「一本橋こちょこちょ」「おせんべ（焼き芋）やけたかな」

教育的なねらい：人と触れ会うことを楽しむ。
養護的なねらい：スキンシップによる楽しさや安定感を養育者と共有する。
遊びで育つもの：初期には受身であった子どもが、徐々に模倣するようになる。

遊び方

互いの皮膚のぬくもりをとおして、おとなと子どもで行うじゃれあい遊びである。お料理を作るというストーリー性をもたせたり、歌をうたいながらおこなったり、子どもにも理解しやすいように、単純でわかりやすい内容にする。

★支援のポイント
- 行為は単純なものが理解しやすいが、"声の大小・動作の大小"などで変化をつけると楽しさがます。楽しむことが第一である。

★留意点
- 楽しさのあまりに、子どもが思わぬ動きをすることがあるので、実施場所については、一定の広さや安全を確保する。

2 「ぎっこん ばったん」「ゆりかご」「ペンギン ペンギン」「肩車」「逆さま」

教育的なねらい：いろいろな身体感覚を味わう。
養護的なねらい：新しい経験をすることで満足感をえる機会となる。ダイナミックな動きは心地よい疲れとなり、生活リズムの形成を促す一助となる。
遊びで育つもの：一人ではできない動作やめのまわる感覚を育てる。おとなに援助してもらいながら信頼感を育てる。

遊び方

❶「ぎっこん ばったん」
おとなと適当な距離をとって向かい合わせになったり、長座をしながら子どもをおんぶして「ぎっこん・ばったん」を繰り返す。

❷「ゆりかご」
おとなは膝をたてて座り、両手をつないだ状態で、すねの上に腹ばいにさせて、バランスがとれた時点で子どもの両手を広げてはなす。

❸「ペンギン ペンギン」
おとなと同じ方向を向き、おとなの足の甲に立ち、二人で息を合わせて歩く。

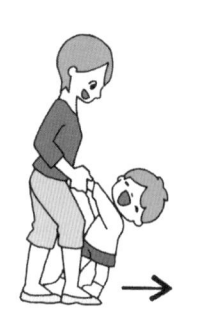

❹「肩車」
おとなの肩にしっかりとまたがったあと、腰が安定しているようなら手を離す。

❺「逆さま」
うつ伏せに寝かした状態から、徐々に子どもの足をしっかり持ち上げて、逆さまにぶら下げる。揺れることを楽しめる子どももいる。

★ 支援のポイント
・恐怖心がなければ、浮遊感・めまい感なども楽しむようにする。

★ 留意点
・おとなが強くひくと頭や関節にダメージがあるので、子どもの様子をよく観て、声をかけながらゆっくりとおこなう。

3 「ボールでポン」

教育的なねらい	：弾むボールの動きを楽しむ。
養護的なねらい	：安全な場所を選ぶようにする。
遊びで育つもの	：動くものをつかまえたり、転がしたり、投げたりする。目と手の共応動作の初期段階である。

遊び方

中ぐらいの大きさで、あまり弾まずにつかみやすいボールを用意し、偶発的な様々な動作を楽しむ。

★支援のポイント
- 最初はタオルを丸めた物などを使用してもよい。

★留意点
- 子どもが汚れた手で触ったり、なめたりすることがあるので、用具を清潔に保つ。
- 小さくて硬いボールは踏み抜くことがあるので注意する。
- 子どもは集中度が高く、周囲に注意がはらえなくなるので、充分に広いところで行う。

4 「外遊び」「お散歩」「固定遊具（低年齢児用滑り台）」

教育的なねらい	：外の遊具で遊ぶ楽しさを味わう。
養護的なねらい	：戸外から戻ったら、手洗い・着替えなどを行う。
遊びで育つもの	：心地よい適度な疲れは生活リズムの形成の一助となる。

遊び方

外気浴を兼ねて、可能であれば1日に数時間の散歩をする。おとなの足で5分～10分の距離にある公園やフリースペース等で充分であり、時には同年齢の子どもと遊び場を共有できればさらによい。夏季には浅いプールなどで水遊びをすることもよい。

★支援のポイント
- 服装面では着脱が容易なものを身につけ、靴もフィットしたものをはくと動きやすい。

★留意点
- まだバランスをとることが未熟なので、歩く所（地面や床等）は安全性の高いところがよい。
- 移動の手段なども熟慮し、子どもの生活リズムを大きくくずさないようにする。

第2節　幼児期

1. 2歳前後からの遊び

❶「遊園地」「飛行機」「おうまさんパカパカ」「クルクルクルリン」「ほうり投げ抱っこ」

- **教育的なねらい**：ダイナミックな動きを楽しむ。
- **養護的なねらい**：信頼するおとなとしっかり遊ぶ。スキンシップの機会とする。
- **遊びで育つもの**：自分自身で身体を器用に動かすことは難しいが、この時期までに前述の経験を積み重ねていれば、おとなに援助をしてもらうことによって大きな動きを楽しむことが可能になる。これらの動きを体験することによって空間認知力なども身につける。

遊び方

図のように、おとなと一緒に遊ぶことによってダイナミックな動きを楽しんだり、おとなが作った「馬」にまたがって遊ぶ。

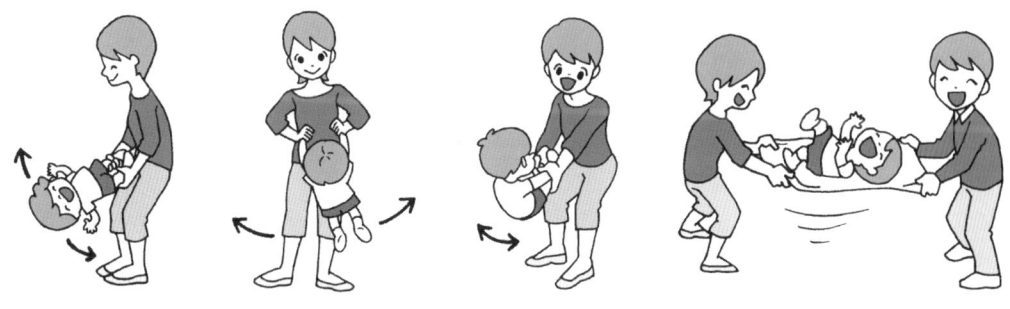

★支援のポイント
- 繰り返して行うとよい。怖がる子どもには無理はさせずに少しずつ行う。声かけも充分に行う。

★留意点
- 危険がともなう遊びであるので、安全を充分に確保して実施する。

❷「おいかけて、かくれて、くぐって、ポン」「じゃれつき遊び」「手遊び」

- **教育的なねらい**：支援者とのかけ合いを楽しむ。
- **養護的なねらい**：汗をかいたら着替えなどをする。
- **遊びで育つもの**：ルールのある"鬼ごっこやかくれんぼ"の前段階として、おとな側から様々な遊びをしかけ、その対応の仕方がわかるようになる。

遊び方

図のように、おとなは子どもが理解できる隠れ方などの工夫をする。また、「じゃれつき・くすぐり」などを移動しながら行ってもよい。

★支援のポイント
- 遊びの具体的な内容については子どもの成長や個性にあわせて調整するが、基本的にはわかりやすく単純なものでよい。繰り返しを楽しむ。

★留意点
- 絵本の読み聞かせや歌遊びなどと同様に、室内で行う運動遊びも毎日少しずつ欠かさずに行うとよい。

③ フレーフレー遊具遊び…「ブランコ」「ジャングルジム（各低年齢児用）」

| 教育的なねらい |：様々な遊具に触れる楽しさを味わう。
| 養護的なねらい |：遊んだ後は手洗いをする習慣をつける。
| 遊びで育つもの |：乳児期には遊具に代わって大人が対応してきた遊びであるが、「より長い・より高い」体験をする目的で、徐々に固定遊具に親しませる。

| 遊 び 方 |

乳幼児用に座面の周りに枠がついたブランコや2〜3段位のジャングルジムなど、低年齢児が安全に楽しめて達成感が得られる遊具を選ぶ。

★支援のポイント
- 子どもの能力に応じた遊具で徐々に慣れ親しむようにする。

★留意点
- 好奇心は旺盛になり動きが活発になるが危険を察知する力は未熟であるので、一人遊びはさせない。
- 遊具の安全確認と衛生を保つ。
- 衣服はシンプルで着やすく、紐などが余分にでないものを選ぶ。

④ お散歩（バリアフリーを歩く）「冒険！探検！」

| 教育的なねらい |：新しい発見を喜ぶ。
| 養護的なねらい |：戸外から帰ったら、手洗い・着替えなどを促す。
| 遊びで育つもの |：今までは、安全性を期して「バリアフリー」面を歩くことを主眼としてきたが、この時期には、多少のでこぼこ・段差・階段・斜面・ツルツル・びちゃびちゃなどを体験することにより、バランス感覚を習得する。さらに身体全体で五感を養うことにもなる。冒険の要素が加わるので達成感が大きい。

| 遊 び 方 |

地域の特性を生かしたさまざまな場所を歩いてみる。

★支援のポイント
- 子どもがワクワクするような声かけをしてもよい。

★留意点
- 小さな冒険をすることで、多少の怪我やトラブルを体験する可能性がある。子どもへの対応はもちろん、保護者間への適切な対応が求められる。

2. 3歳前後からの遊び（ルールがわかる）

❶「空とびサスケ」「縄跳び」「馬とび」「でんぐり返り」「片足立ち」「鬼ごっこ」

- **教育的なねらい**：いろいろな身体感覚を味わう。
- **養護的なねらい**：動きを支援し信頼感をもつ。
- **遊びで育つもの**：二人のおとながいる時には様々な機会を利用して浮遊感体験の援助をする。巧緻性・協応動作やバランス感覚が習得できる。

遊び方

徐々にルールも理解が出来るようになり、4歳後半頃からは巧緻性も身についてくるので、用具やルールを工夫して様々な運動遊びの機会を設定する。この頃より運動遊びの好みが男女児によって分かれるようになるので、偏らない工夫をする。

★支援のポイント
- 子どもの興味や発達段階に合わせて、縄のまわし方や馬の高さを調整する。
- 無理はさせないが、励ましのメッセージをおくりながら多様な経験を促す。

★留意点
- 床面や広さの確保など、周囲の安全確認を行う。

❷ 手伝い遊び・掃除遊び ～配膳・料理・片付け・掃除など～

- **教育的なねらい**：生活行動を楽しむ。
- **養護的なねらい**：おとなに受容されていることを感じる。
- **遊びで育つもの**：最も身近なおとなたちから"生活の仕方の基本を教えてもらうこと"は、子ども達にとっては、運動遊びの感覚で楽しみつつ、まさしく「生きていく力」を習得する絶好の機会となる。

遊び方

掃除を例にすると、子どもに判りやすい工夫をした用具置き場や分類別のゴミ箱、必要に応じて子どもサイズの用具の準備などをする。

★支援のポイント
- 安全面におけるリスクについて事前に注意を促す。
- 子どもの気持ちが喚起するように、場面に応じた言葉がけをする。

★留意点
- 子どもに無理な行動を要求しない。

【おわりに】冬の寒さが厳しく昼間が短くなるヨーロッパの北部では、伝統的におとなと遊ぶ子どもの室内遊びが活発に行われてきた。時代を経て、保護者の忙しいさが増す中、保育園や幼稚園における運動遊びの重要性が増しているが、特に乳児期の子どもに対しては、わずかな時間を利用して室内においてスキンシップも兼ねた親子運動遊びをおすすめしたい。保護者の皆さんの中には、初めての経験となるために、子どもとの関わり方がわからず途方にくれておられる方もいらっしゃる昨今であるが、是非とも、子どもを抱き上げ、更に"高い高い（高く抱き上げる）"を声かけをしながら行ってみると、きっと子どもは満面の笑顔を見せてくれることであろう。おとなはこの笑顔をよく憶えて、この笑顔を引き出すことを楽しんでいただきたい。子どもの笑顔は、関わったおとなの安定感も引き出す効果があるといわれているので、試行錯誤を重ねながら積極的に試していただきたい。

第8章 障がい児の理解と楽しい運動遊び

第1節 障がい児の理解

　近年、保育や教育の現場において「特別に支援が必要な子どもが増えている」「診断はついていないがグレーゾーンの子どもが急増している」と言われるようになってきた。発達障がいの子どもが通園するようになり、その子を思いやり、支援する園生活を通して健常な子ども達の心が健やかに成長していく姿が見られるという報告がある。その一方で、仲間と同じ行動をとることができなかったり、落ち着きがなく動き回る子がいたりして、教室のまとまりがつかないという悩みを抱える保育者が少なくないことも報告されている。

　成長の過程で中枢神経系に生じた機能障がいによって出現する発達障がいには、対人・社会性のつまづきを抱える広汎性発達障がい、行動上の問題が認められる注意欠陥多動性障がい（ADHD）、学習面のつまづきとして判断される学習障がい（LD）、巧緻性運動の不器用さを認める発達性協調運動障がいなどがある。その他には、運動の機能障がいをもつ肢体不自由や脳性まひ、知的発達に遅れが現れる知的障がいも発達障がいとして位置づけられている。

1. 広汎性発達障がい

　広汎性発達障がいは、自閉症をはじめ、自閉症に類似した特性を持つ障がい（アスペルガー症候群、レット障がい、小児期崩壊性障がい、特定不能の広汎性発達障がい）の総称である。これは、①社会性の障がい、②コミュニケーションの障がい、③想像力の障がいという3つの特性が認められることで特徴付けられている。

　広汎性発達障がいの原因は、はっきりとわかっていない。最近の研究では、脳の中枢神経システムの問題や、脳内の生化学物質の不均衡が関係しているのではないかといわれている。したがって、広汎性発達障がい児の言動や行動は、親の躾が悪い子、やる気のない子とされがちであるが、そうではない。保育者は子どもの個性を受け止める子ども理解力と支援に当たる専門的知識、および援助力を身につけておくことが必要となる。

2. 注意欠陥多動性障がい（ADHD）

　注意欠陥多動性障がいは、不注意（集中力がない）、多動性（じっとしていられない）、衝動性（順番を待てない）を主症状とした中枢神経系の発達障がいと考えられている。現在、学童期に注意欠陥多動性障がいの子どもが占める割合は3～7%といわれ、極めて高い率を示している。男女比をみると圧倒的に男児に多く、女児の3～5倍といわれている。また、注意欠陥多動性障がいは単独で生じるだけでなく、アスペルガー症候群や学習障がいなどの傾向を合わせ持つ子どもが少なくない。

注意欠陥多動性障がいを起こす原因はまだ特定されていないが、遺伝的要因の可能性も指摘されている一方、脳内、特に前頭前野におけるドーパミンやノルアドレナリンなどの神経伝達物質の異常が示唆されている。また最近では、児童虐待を受けた子どもたちが二次的に多動性、衝動性などの注意欠陥多動性障がいと同様の行動特徴を示すことがあり、注意が必要である。

3. 発達性協調運動障がい

発達性協調運動障がいは、微細運動（手先の操作）と粗大運動（全身の運動）の両面において不器用さが著しく認められるものをいう。具体的には、スキップが苦手、行進すると右手と右足が同時に出る、はさみがうまく使えないなどの症状が見られる。このような症状は、日常生活全般に関わるものなので、できないことへの苦手意識やストレスから自信を失ったり、周りの子どもからのいじめの対象になることもある。なお、発達性協調運動障がいは、単独で発現することは少なく、広汎性発達障がい、注意欠陥多動性障がいなどを合併することが多くみられる。

発達性協調運動障がいの幼児は、自ら活発に動くことをしたがらない子どもが多い。この子どもたちに折り紙やお絵かきなどの微細運動を中心に保育する傾向が強いが、微細運動の土台となる粗大運動を積極的に取り組ませることが大切である。保育者は、子どもの動きをリードし、主体的に動けるように気長に支援していくことが大切となる。

第2節　障がい児の運動指導

保育者は、子ども一人ひとりが持っている力を高めるための適切な指導が求められる。

障がいのある子どもは、他者と関わらず一人で好きな遊びを続ける子どもや、他者と関わりたくてもからだが思うようにならない子どもなど様々である。いずれにしても、障がいのある子どもたちが仲間と同じことができない（しない）というだけで仲間から離脱したり、自尊心が損ねられてしまうようなことはできるだけ避けたいものである。そこで、ここでは様々な障がいのある子どもが自分らしく、また仲間と共に"楽しく""生き生き"と活動できるための工夫例を挙げた。

また、重度重複障がいを持つ子どもたちの運動指導については、ダンスムーブメントを中心にした実践例を通して、現場に即した指導方法の在り方を提供する。

- **教育的なねらい**：いろいろな動きを楽しむ。
  ：自分から遊ぼうとする。
  ：順番を守って遊ぶ。
- **養護的なねらい**：子どもの気持ちを受け止める。
- **遊びで育つもの**：からだを動かす気持ちよさがわかる。
  ：友達と一緒に遊ぶ気持ちを育む。
  ：基本的な運動感覚が身につく。

1. 仲間と関われない子ども達の運動指導

　自閉的傾向のある子どもは、仲間と同じ運動遊びに興味を示さない、一人で好きなことを何回も繰り返しているなど、他の子どもたちとは違った行動をする場合が多い。そのような場面に出会った保育者は、どのように対応してよいか戸惑うこともあるだろう。この場合は、その子どもの好きなこと（遊び）を理解し、見守る姿勢が大切である。

遊び方

1 落ち着きが無く動き回る子どものへの対応。
トランポリンで集中力と体力を向上させよう。

　　小さく跳ぶ、大きく跳ぶ、何回も跳ぶ、数を数えるなど。

★支援のポイント
- 順番を守って楽しむことを教えよう。
- お友達のジャンプに合わせて手を叩こう。
- 自分の番の時には、お友達に手を叩いてもらおう。

★留意点
- 友達が関わることによって、また別行動を始めた場合は、次に求めた場所や遊びを把握しておく。その場所に、その子どもを引きつける何があるのかを探ってみる。

2 動くことを好まない、運動が苦手で消極的な子どもへの対応。
お散歩で動くことへの興味、関心を高めよう。

　　好きな色はどこにある？　好きな色を運動場（園庭）で見つけてタッチしよう。好きな色はいくつ見つけられたかな？数を数えながら歩こう。

★支援のポイント
- 鉄棒の近くを通ったら、一緒にぶら下がろう！
- 滑り台の近くを通ったら、階段の一番上から好きな色を探そう。

★留意点
- 無理に誘わないこと。気分が向いて動き出したら、その先に楽しい何かが待っているように、"楽しいこと"を保育者の工夫で広げよう。

❸ 固定施設で遊ぶ：ジャングルジム

　発達性協調運動障がいのある、いわゆる「不器用」な子どもは外遊びに消極的になる傾向がある。ジャングルジムでは、遊び方によって運動が苦手な子の逆さ感覚、回転感覚、腕支持能力およびバランス感覚などを高めることができる。

　遊 び 方　：指導者と共にジャングルジムを鉄棒代わりにして遊んでみよう。

棒をおなかで支えてみよう！

ぶら下がってみよう！

両足をパイプに掛けて逆さま感覚を味あわせてみよう！

★支援のポイント
- 子どもが安心して握れる高さにパイプがある事を理解させる。
- パイプに意識を集中させて、ジャングルジムの大きさを意識させないことで恐怖心を取り払う。

★留意点
- 本人が嫌がる場合は無理強いをしない。

　障がいのある子どもたちが、一つひとつの遊具に対して自分らしく楽しめる"楽しみ方"を1つでも多く具体的に提示してあげることが大切。また、その子らしい楽しみ方ができたときには、そのやり方を考えたことと出来たことの両方をほめ、自信をつけさせる。

> 遊び方：他の子どもたちと共にジャングルジムの中に入って、ハイ ポーズ！
> 他の子どもたちと一緒に、楽しいポーズをたくさん考えよう。

トリさんが羽ばたくポーズ

ぶら下がってみよう！おサルさんが木につかまっているポーズ

★支援のポイント
- 子どもの考えたポーズの良いところを積極的にほめる。他の子どものポーズも見せて、楽しそうなポーズに興味が持てるよう声かけをする。

★留意点
- 本人が嫌がる場合は無理強いをしない。また保育者は物まねの既成概念にとらわれないこと。

2. 仲間の中で共に楽しむための運動指導

仲間と上手く関われない子どもたちも、遊び方を工夫して共に楽しむ場を作ることが大切である。ここでは3つの異なる場面での工夫を紹介する。

1 みんなで体操をするときの対応：その工夫

> 工夫（支援）のポイント1　　体操をする隊形を考える

- 体操の隊形を円にしてみる。
- 先生が円の中心に入ってみる。
- 先生は集中力のない子どもや多動傾向のある子どもの隣に入る。
- お互いが触れ合う動作を入れて他者との関わりを持たせる。
- 円の中心に集まったり、離れたりすることでワクワク感を持たせる。
- 歩行困難な子どもがいる場合は、その子どもの近くに集まったり離れたり、中心を変化させる。

工夫（支援）のポイント2　　体操の曲を再考する

- 子どもたちの親しみやすい音楽、子どもの好きな音楽を使い、今までの体操のパターンを当てはめてみる。音楽を変えて子どもたちの反応を見る。

★留意点

- 音楽が長すぎないように。集中できない子どもや、好きなことをやってしまう子どもに対して強制はしない。できなくても、その子どもを注意深く観察する。様子を見守っていくことも大切である。

2 固定施設で遊ぶ：平均台

ジャングルジムと同様、興味を持って楽しみながら身体機能を向上させる動きを取り入れる。

遊び方：保育者と共に平均台の渡り方を工夫しよう。

平均台をまたいでお尻をすりながら進む

平均台に横向きに座って、腕とお尻を進行方向にずらしながら進んでいく

平均台の下を這った状態でジグザグにくぐっていく

　平均台の楽しみ方はいろいろ考えられる。

　かつて、肢体不自由児が平均台を歩いて渡れないので平均台をまたぎ、手の力を使いながらお尻を滑らせるようにして前進した。すると、それを見ていた別の子どもがその子の渡り方に興味を持ち、自分も同じようにやりたいと平均台遊びに加わった。そこで指導者は新しい平均台の渡り方を考えた子どもをほめ、その子が見本になってみんなもその渡り方を試してみたという事例がある。

　障がいのある子の動作（渡り方）が劣っているものではなく、新しい渡り方として評価され、また友達が自分の真似をするということでその子の自尊心は高まったと思われる。

　その後は"新しい渡り方を考えよう"ということになり、子どもたちは積極的にアイディアを出し合った。その後のアイディアの中には、肢体不自由児ができないことも多々あった。しかし新しい渡り方を発見する、そのきっかけを作ったのは自分であり、自分のアイディアが一番に採用されたことへの誇りは、もっとやりたいという意欲の向上につながった。

3 運動会：リレー
- みんなが参加できるリレーを考える。
- 決められたコースを走れない、集中力が持続しないような子ども。長い距離が走れない子どもがいる場合。

★支援のポイントと留意点
- スターターとして一番最初に走らせる。
- 走る距離の長さを調整する。
- リングバトンを使用し、二人一組で走る箇所もあるリレーにする。
- リレーそのものを二人一組で行うリレーにする、など。
- 車いす使用の子どもは車いすで参加できるが、その子どもの日常生活における車いすとの関わり方をよく観察し、子どもが求めているものと現実とのギャップなどについても把握しておく必要がある。

3. 重度重複障がい児の運動指導

　重度重複の障がいのある子どもたちは、障がいが重いことで自由な活動が制限されることから同年代の子どもたちと触れ合う機会が少ない。さらに身体を動かして遊ぶ"運動遊び"の楽しさを知らないまま年齢を重ねていくことも多い。

　重度重複の障がいがある子どもは、運動中の呼吸の変化（呼吸が浅くなっていないか、急に速くなっていないかなど）や脈拍の変化、顔色等に注意し、指導者が適切に関われば様々な運動が可能となる。その中で決められたスペースや特別な用具が無くても楽しめる運動の一つとしてダンスがある。重度重複の障がいのある子どものダンスの方法は以下の通りである。これらの基本形を参考にして、保育者は様々なダンスに挑戦してほしい。

ダンスの工夫：基本①〜⑥
① 1対1で踊る場合は、車いす（姿勢保持椅子）の正面に相手（指導者あるいは仲間）がいるところから始めるとよい。
② 車いすを固定したままでダンスを最後まで踊らないこと。
③ 車いすの動かし方は、非日常の動作が入る事が望ましい。
④ 車いす使用（手動・電動）および姿勢保持椅子使用の、どの子どもに対しても、身体接触のある振付を取り入れること。
⑤ 音楽のイメージやリズムを大切にした振付を取り入れること。
⑥ 大勢で踊る時には、仲間の顔が見えやすいような形（円形や列の向かい合わせ）を取り入れること。
その他：オーガンジーのような柔らかい素材の布の下をダンスの途中で潜ったり、タンバリンや太鼓などを車いす等にぶら下げてリズムをとったり、ダンスの途中にジャンケンなどのゲーム的要素を取り入れてもよい。

4. 重度障がいのある子どもたちも楽しめる創作ダンス

■ ぐるぐる×2ジャンケンダンス

ダンスにジャンケンという勝負が加わった楽しいダンス。ジャンケンが苦手な子どもは、ジャンケンサイコロ 注1) を膝の上に置くか、近くに置いて参加しよう。

ダンスの方法

（音楽は4拍子のもの、サンバのリズムもOK。例：風になりたい）
① 最初に二人組を作り、右手と右手で握りあう（向き合って握手をする）
② 曲の入りやすいところから、（保育者の合図で）握手している手を8回振る。その時、1.2.3.・・・7.8とみんなで声をだす。7.8の掛け声の時に、保育者は「反対の手」声をかける。
③ 「反対の手」の合図で、次は左手同士で握りあい、8回腕をふる。握手が出来ない場合は手を合わせるだけでもよいし、どちらかが片手を両手で握ってもよい。
④ ③の7.8の掛け声の時に保育者が「反対の手」という合図をだし、また右手同士で握り、今度は4回腕をふる。同じように左手同士4回。
⑤ ④に続き、右手同士2回。左手同士2回。
⑥ ⑤に続き、1回ずつ握る手を替えながら4回握りあう。
⑦ 全員で、「ぐるぐる、ぐるぐる、ジャンケン・ぽん！」という掛け声をかけてペアの人とジャンケンをする。「ぐるぐる…」の時には、「いーと（糸）巻き巻き、いーとー巻き巻き」の手遊びで行う両腕の動き、「ジャンケン」の部分は両手を目の前でたたき、「ポン！」でジャンケンを行う。「ぐるぐる‥」が自分でできない子は補助者に助けてもらったり、車いすを1回転させてもらう。その子が楽しいと感じる「ぐるぐる‥」をみんなで見つけるとよい。ジャンケンの出来ない子はジャンケンサイコロを使用する。
⑧ ジャンケンをして、勝った人はその場で喜びのダンス（シンプルな動き）、負けた人は悔しいダンス（泣く真似や悔しい感じをシンプルに表現）。あらかじめどの様に踊るか考えておいてもいいし、即興でもよい。おあいこの時には、二人が同時に手をとって喜んだり、二人のどこかをつないだ状態で回転するのもよい。
⑨ 保育者は全体の進み具合を見ながら、「次の人どこだ！」の掛け声をかけ、その掛け声を合図にして、次のペアを皆が捜し歩く（音楽に合わせて手拍子をしてもよい）。次のペアがみんな決まったら、指導者が合図をして最初から繰り返す。

「ぐるぐる×2ジャンケンダンス」の楽しさは、①テンポの良いリズム ②皆で声を出す ③勝負がある ④いろいろな人とのふれあい ⑤移動によって景色が変わることである。子どもたちの障がいは様々であってもやり方を少し工夫するだけで参加が可能になる。ダンスを通して他者と共に過ごす楽しい時間を増やし、"もっとやりたい"という意欲と"みんなでやりたい"という社会性を育みたいものである。

注1) サイコロを段ボールで適当な大きさに作り、6面にグー、チョキ、パーの絵を2枚ずつ書いた（貼った）ものが基本。1面だけ「絶対勝ち」の最強面を作るなど、その工夫は保育者次第である。

第9章

運動会の種目・遊び

　運動会は、日常で取り組んできた成果や子どもの成長、発達を確認するとともに保護者にそれを披露できる場であり、また、運動を通した親子のふれあいの機会といえよう。子どもたちが主体的に元気よく活動し、友達と協力して取り組めるよう、「遊び」の要素が多く含まれた内容を考慮する必要がある。また、身体機能や運動技能の個人差についても十分考慮し、発達の特徴をふまえた運動種目を用意することも大切である。

第1節　かけっこ・リレー（3～5歳児）

　運動発達の中で、もっとも基礎的な動きの一つが「走る」という動きである。この動きは、運動経験や体格等の個人差など、発達の度合いによって差が生じやすい。したがって「走る」楽しさを経験させられるよう、保育者は工夫することが大切である。

教育的なねらい：友達と競うこと楽しむ。
　　　　　　　　：いろいろなからだの動きを楽しむ。
　　　　　　　　：全力をだして遊びをしようとする。
　　　　　　　　：友達と協力して遊ぶ。

養護的なねらい：汗をかいたら着替えさせる。
　　　　　　　　：遊んだ後にうがいや手洗いをさせる。

遊びで育つもの：バランスをとりながら、リズミカルに歩けるようになる。
　　　　　　　　：バランスをとりながら、いろいろな動きができるようになる。
　　　　　　　　：手と足の左右交差運動がリズミカルにできるようになる。
　　　　　　　　：姿勢の変化を体験する。

遊び方

1　みんなの輪

① チーム数のフープ、折り返し地点用の旗、アンカー用のたすきを用意する。
② 5〜6人1チームになって縦一列に手をつないで並び、2チーム以上で対戦する。
③「スタート！」の合図で後ろから前へフープを送る。
④ フープが先頭まで送られてきたら、先頭の子どもはフープを足下に置いてからフープをもち、縄跳びのように輪をまわして跳びながらすすむ（旗を回って戻る）。
⑤ 戻ってきたら列の一番後ろにならび、フープを前に送る。
⑥ たすきをかけた子どもがゴールしたら終了とし、座って他のグループの終了をまつ。

2 探検に出発だ！
① とんねるくぐり→くねくね道→恐竜退治→山登り→木の葉のプールのコースを設定する。
② 「ヨーイドン！」の合図で一人ずつスタートし、前の走者が半分くらいまでいったところで次の走者がスタートする。全員がおわるまで続ける。

★ **支援のポイント**
- 負けることが続いてもあきらめずにがんばれるように言葉がけをする。

★ **留意点**
- 前方を注視して順番を守って進むように言葉かけをする。
- 運動場を整備し、ぶつからないようにスペースを十分にとる。
- 自然にあるものを利用する際、危険なものやゴミが混入していないか確認する。

NOTE

第2節　対抗ゲーム（3～5歳児）

「歩く」「走る」「跳ぶ」の基本的な動きに「つかむ」「くぐる」などさまざまな動きをくわえ、遊びの要素を高める。ボールやフープなどの道具の使用、障害物の設定など興味を持たせるような工夫をする。

教育的なねらい：友達との競うこと楽しむ。
：全力をだして遊びをしようとする。
：友達と協力して遊ぶ。

養護的なねらい：汗をかいたら着替えさせる。
：負けて悔しい子の気持ちを受け止める。

遊びで育つもの：手と足の左右交差運動がリズミカルにできるようになる。
：正しい姿勢で歩く、または、走る。
：姿勢の変化を体験する。
：ものを操作できるようになる。

遊び方

1 出発進行！

① フープ、目を隠せるもの（アイマスクなど）を用意する。事前に段ボールでトンネルをつくっておく。
② 3人1チームになって縦一列に並ぶ。
③ 前2人は目を隠した状態で先頭はフープをもち、先頭以外は前の子どもの肩をもつ。
④ 「出発進行！」の合図で、一番後ろの子どもが、声を出しながら誘導し、トンネルをくぐりゴールをめざす。先頭はフープをハンドルのように操作する。

2 ボールとりゲーム

① ラグビーボール、サッカーボール、バスケットボール、テニスボール、スーパーボールなどいろいろな形、大きさ、硬さのボールを真ん中の円におく。
② 笛の合図でひとりずつとりにいく。陣地に戻ってきたら次の子どもとタッチをして、次の子どもがボールをとりにいく。
③ 真ん中の円のボールがなくなるまでくりかえす。
④ ボールそれぞれに点数をつけ、獲得点の合計が多い方を勝ちとする。
＊ 形、大きさ、硬さによって異なった点数をつけ、獲得点の合計が多い方を勝ちとする。
＊ 必ず一人ずつとりにいく。

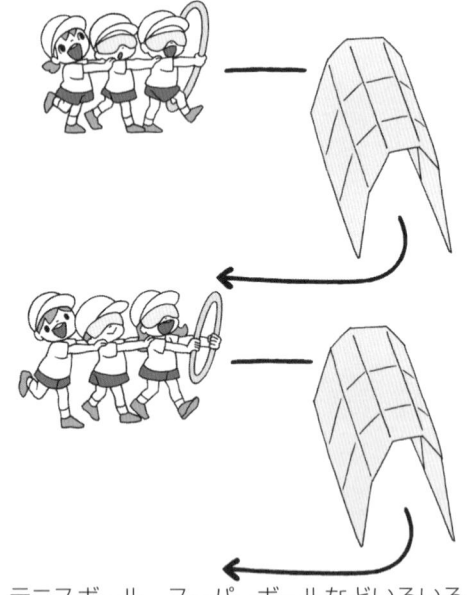

★支援のポイント
・遊び❶出発進行！では、一番後ろの子どもに大きな声で誘導するよう伝える。

★留意点
・遊び❶出発進行！では、トンネルは離して設置し、衝突させないようにする。
・遊び❷ボールとりゲームでは、足下に不用意にボールが転がっていないかを確認する。

第3節　表現・リズムダンス（2〜5歳児）

　幼児期は、言葉や文字を使った表現よりも動きの表現を好み、得意とする。表現・リズムダンスは、体全体をつかって表現することによって、楽しみながらリズム感や表現力を養う。保育者は、身近なものを題材とし、想像や表現がしやすいように配慮しなければならない。また、音楽を同時に使うことにより想像をかきたたせる工夫をすることも大切である。

> **教育的なねらい**　：表現する楽しさを味わう。
> 　　　　　　　　　：全力をだして遊びをしようとする。
> 　　　　　　　　　：友達を信頼する。友達と協力して表現する。
> **養護的なねらい**　：汗をかいたら着替えさせる。
> 　　　　　　　　　：遊んだ後にうがいや手洗いをさせる。
> **遊びで育つもの**　：リズミカルに動けるようになる。
> 　　　　　　　　　：表現を楽しめるようになる。

> **遊　び　方**

❶ 大きなお花がひーらいた！

　保育者のリードと音楽にあわせて身体表現をしていく（音楽は子どもたちの好きなものや動きのイメージに合うものを使用するとよい）。

① 5〜6人1グループになり、手をつないだ状態で小さくなって座る。
② 「どんどんつぼみがふくらむよ」で、たちあがり、つないだ手を高くあげてもどす（手はつないだまま）。
③ 「ミツバチさんがやってきた！どのお花が大きくひらくかな？」で、両足は開き、隣のこどもの足につけ、開く準備をする（ミツバチ役の保育者はグループの近くに飛んでいくように移動し、待機する）。
④ 「大きなお花が開きました」で、同時につないだ手を徐々に伸ばしながら、後ろに倒れるように反りかえる。
⑤ すべてのグループのお花が開いたら、互いに引き合いながら元に戻る。
⑥ 「さあ、次はどんなお花がひらくかな？」で、自由に散らばり、走り回る。
⑦ 「つぼみになぁれ！」で5〜6人のグループになり、できるだけ小さく固まり（外に向いた状態で）手を振る。

★支援のポイント
- 保育者が楽しくリードし、展開していく。（例：つぼみ→花→移動→つぼみ）
- 反りすぎると転ぶことがあるので留意し、発達段階に応じた配慮をする。

★留意点
- 衣装は動きの邪魔にならないように工夫する。

第4節　組体操（3～5歳児）

「立つ」「組む」「乗る」など、姿勢の変化や安定性を伴う動きを経験する。組体操は友達を信頼し、協力しなければ実施できないが、体格を考慮した構成にしなければならない。保育者は安全面を十分に配慮する必要がある。

教育的なねらい：達成感を味わう。
　　　　　　　　：全力をだして動こうとする。
　　　　　　　　：友達を信頼する。友達と協力して表現する。
養護的なねらい：汗をかいたら着替えさせる。
　　　　　　　　：遊んだ後にうがいや手洗いをさせる。
遊びで育つもの：空間の中で体を支持する。
　　　　　　　　：姿勢の変化を体験する。
　　　　　　　　：友達を信頼する。
　　　　　　　　：複雑な動作がリズミカルにできるようになる。

遊び方

力をあわせてがんばろう！
＊保育者の笛の合図によって動きや人数が変化していく。

1. 1人の体操

1「ザリガニ」→「十字バランス」

1. 立つ
2. 仰向け 
3. 両足をあげて頭の先に 
4. 仰向け 
5. 座る 
6. 上半身をひねり片足を地面につける 
7. 十字バランス

8. 座る 　　　　　　9. 立つ

2. 2人の体操

1 「V字」→「Wバランス」

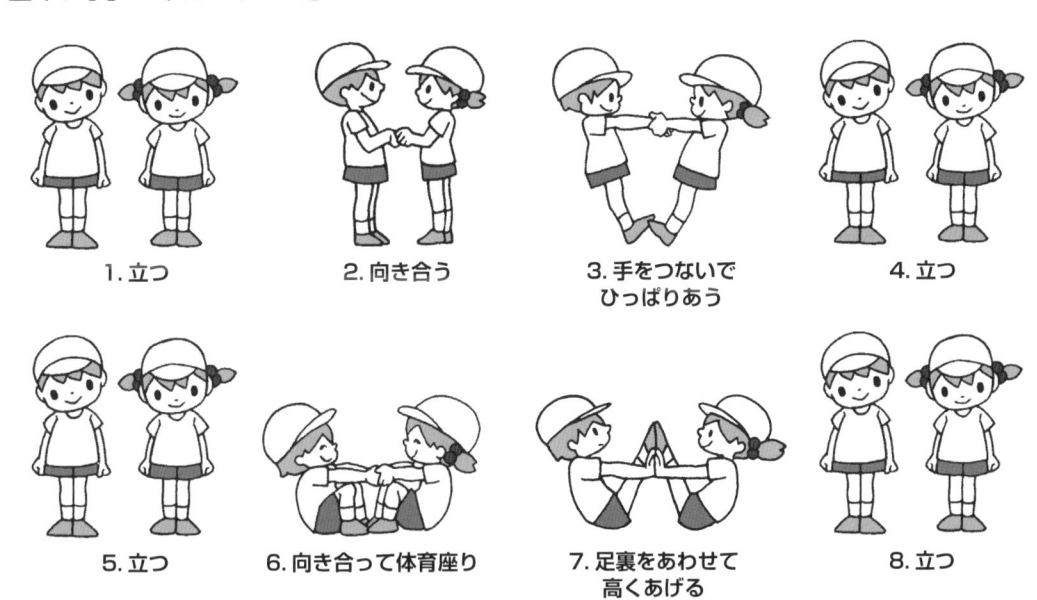

1. 立つ　　2. 向き合う　　3. 手をつないで
ひっぱりあう　　4. 立つ

5. 立つ　　6. 向き合って体育座り　　7. 足裏をあわせて
高くあげる　　8. 立つ

2 「星」

1. 立つ　　2. 外側の手で内側の
足をもつ　　3. つないだ手（内側）を
高くあげる　　4. 立つ

3. 3人の体操

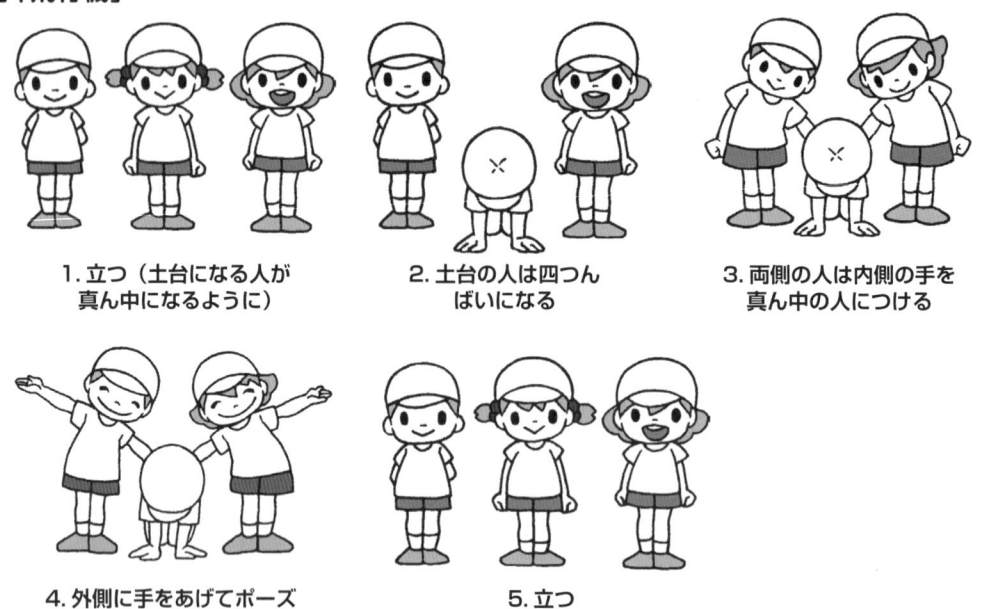

1 「飛行機」

1. 立つ（土台になる人が真ん中になるように）
2. 土台の人は四つんばいになる
3. 両側の人は内側の手を真ん中の人につける
4. 外側に手をあげてポーズ
5. 立つ

2 「みこし」

①乗る人が後ろに立つ
②2人が向き合って中腰になり、片方の手で自分の手首をもつ。一方の手首で相手の手首をつかむ。
　→　乗る人は腕と腕のあいだに足をいれて座り、両側の人の肩をもつ（座った状態で行う）。→
　　立ち上がる（真ん中のひとは手を横に広げられそうであったら広げてポーズ）。→
③両側の人はしゃがみ、真ん中の人がおりたら手を離し、3人で立つ。

4. 6人の体操

1 「ピラミッド」

1. 6人で立つ
2. 土台は四つんばいになる 
3. 2人が土台の上にのり、四つんばいになる 
4. 最後の1人が上にのり、しゃがんでまつ 
5. 一番上のこどもは立ち上がり、ポーズを決める 
6. 上から順番に降りる 
7. 全員で立つ 

5. 10～14人の体操

1 「波」

最初の子どもはしゃがんだ後すぐにたちあがる。続いて二番目、三番目と順に繰り返す。

★支援のポイント
・発達段階に応じて動きや時間の配慮をする。

★留意点
・ガラスの破片やとがった石など危険なものをとりのぞき、整備しておく。

第5節　親子のふれあい（2～5歳児）

　保護者と子供が一緒に体を動かし、楽しみながらコミュニケーションをはかる。子ども達が自主的に活動できるよう、保護者は言葉がけに注意し、子どものペースにあわせて進めていくようにする。

教育的なねらい：保護者と一緒に楽しむ。
　　　　　　　　：自ら進んで動こうとする。
　　　　　　　　：保護者と協力して全力で遊ぶ。

養護的なねらい：汗をかいたら着替えさせる。
　　　　　　　　：遊んだ後にうがいや手洗いをさせる。

遊びで育つもの：保護者とのスキンシップができる。
　　　　　　　　：いろいろな動きを複合してできるようになる。
　　　　　　　　：手と足の左右交互運動ができるようになる。

遊び方

1 ドラゴンのしっぽ踏み

① リボン（大人の腰から垂らして引きずる程度の長さが必要）と帽子（ドラゴンの顔）を用意する。
② 2チームにわかれる。子どもを前にして、大人はこどもの肩をもってつながる。
③ 子どもは帽子をかぶり（ドラゴンの顔）、大人はリボンをズボンのお尻ポケットにはさむ（ドラゴンのしっぽ）。
④「よーい、ドン！」の合図で、相手チームのタオルを目指して走る。リボンをとられたら、ドラゴンのすみかにもどる。
⑤ 相手チームのリボンをたくさんとったチームの勝ち！

2 大変身!

クラス対抗で行う。子どもは一人ずつスタート。

① 保護者は,向かい合い両手をつないで縦2列に並び(川)、つながれた手の上に横になり両足を伸ばした子どもを前に送る(すいすいお魚さん)。

② すいすいお魚さん→走ってカラーコーンを回り、円に入る→2列に並んだどちらかの保護者を移動(木登りおさるさん)→走って円に入る、の順番で進む。

③ 最後の子どもが円に入ったと同時に保護者は2人1組で肩を組んで走り、カラーコーンを回り円に入る。

★支援のポイント
- 保護者への説明を的確に行い、スムーズに行えるよう配慮する。
- 遊び(1)では、ところどころに段ボールで作った岩や湖などの障害物を置き、人以外にも注意を払いながら実施できるように応用してもよい。

★留意点
- 運動場を整備し、走り回ってぶつからないようにスペースを十分にとる。

第10章 自然環境保育で心身を育てる

　現代、子どもを取り巻く環境の中でも、とりわけ変化、そして減少しているのが自然環境であろう。子どもが自然の中で遊ぶ機会や場所は、大人がよほど意識して用意しない限り、日常生活の中で経験できないまま過ごすことになる。まぎれもなく人間は自然の中で生まれ、他の生物と共存し合いながら進化の過程をたどり、太陽・空気・水・大地の恩恵を受け、命を継いできた。森から草原へと生活を移し、直立二足歩行、手の操作性を獲得して、基本的行動能力や運動能力も自然環境の中で拡げてきた生物である。

　本来、遊びや生活の中で当たり前に身につけてきた、運動能力や生きるための知恵の育ちにも多くの課題が挙げられる。幼児は身近な自然と触れ合い遊ぶ中で、楽しい面白い体験と共に、時には痛みや、思うようにならない経験をする。それによって、生きるための心身、そして感性の育ちを促すことができる。自然環境の中での遊びや活動を見直す必要があるのではないかと考える。

　自然環境の遊びは無限にあるが、現実的に地域や園によっては野山も里山も限られていると思われる。ここでは幼稚園で実践したものを基礎にして、1. 園内の自然、2. 地域の自然、3. 野山・里山の自然で行った遊びを紹介する。

第1節　園内における自然と遊ぶ

　今やほとんどの道路は舗装されているから、園庭と砂場のある幼稚園が唯一、大地と触れる場という子もいる。また、走ったら危ないと止められる子どもにとっては、園庭は裸足で走ることができる広い空間である。人工的な部分もあるとはいえ、桜をはじめ、大小の木々や花など探せば小さな自然はたくさんある。子どもにとっては、最も身近で日常的に触れられる自然を持つ場でもある。

1. 砂場で遊ぶ

　子どもが集まる砂場は実に多様で、かつ可塑性に富んだ自然の大地を切り取った遊び場である。砂場で遊ぶ子ども達は、穴を掘り、土を山にし、道やトンネルを作り、自在に遊びを作り出していく。常に誰かが座り込み、砂場以外の園庭にも砂遊びが広がっていく。

　初めは不潔感を強く持ったり、砂の感覚を嫌う子もいるので、「わあ、おいしそうなプリンだよ。どうぞめし上がれ」「いちごをのせてみる?」などの言葉がけ、働きかけをしながら、しかし、遊びの展開は子ども達の自由に任せたい。

■ 砂場・砂遊びの約束
　①人に砂をかけない。
　②遊び終わったら服や身体の砂を払い、手洗い、うがいをする。
　③部屋に砂を持ち込まない。

■ 砂場の環境整備
　犬猫の出入りへの対処は当然必要であるが、他にも砂に不潔なものやガラスの破片などの危険物が混ざらないようにする。砂場だけでなく周辺にも砂が散らばるため、週1回は砂場の掘り起こしと周辺の砂を集め整備し、また遊具の点検もしておく。いつの間にか砂は減る。年に2回程度は補充する必要がある。

2. 泥だんご作り

　泥だんご作りは、大人でも夢中になる奥深い面白さを持つ。コツやポイントを一斉に教えなくても、見よう見まねで覚え、コツをつかんだ子から他の子へと伝わっていく、いわば伝承的な遊びでもある。
　地面に座り、ひたすら泥を丸めながら、粘土や砂遊びと同じように手の操作性を高めていくことができる。手や指だけでなく、全身を集中させないと作ることができないし、短くても一時間、時には幾日もかけて完成させる根気も求められる。しかし誰にでもでき、でき上がった時の喜び、満足感の大きい遊びである。

■ 泥だんごの作り方
　詳しい作り方は、他の本に紹介されているので、ここでは要点のみとする。
　①地面の表面の乾いた砂を取り除き、下の土に水をかけて泥状態とし、手のひらで丸めていく。
　②表面にある小石やゴミを取り除き、水・空気を絞り出すような要領で堅く丸めていく。
　③作りたい大きさの中心ができたら乾いた砂をまんべんなくかける。手のひら全面を使ってやさしく形を整えながら何度も砂をかけデコボコをなくし、丸くなるよう何度も繰り返す。
　④少しずつ、きめの細かい砂をかけ、まわしながらなでる。吹きだまりやマットの下などの細かい粒子の砂（サラ砂）を使うとよい。
　⑤地面に手のひらをこすりつけ、手についたサラ砂をまぶし、手のひらで根気よく何度もこすり続ける。
　⑥表面がつるつるになったら、やわらかいボロ布で磨く。
　⑦表面がつやつや光るまで磨いてできあがり。

★泥だんご作りのポイント
・小さい団子（3～4cm）なら1時間位、砂以外の大抵の土でできる。
・中断する時は③④の段階でビニール袋に入れ、口をしばって保管しておけば、後で、もしくは次の日に続けられる（また③から続ける）
・はじめての子がいる時は、保育者、経験した子が一緒に作りながら、さりげなくコツを伝える。ピカピカに光ったら、友達や先生達に見せに行く。

★留意点
- 失敗しても、また作ろう。
- あきらめないでピカピカになるまでやってみよう。
- 手に傷があるときはしない。以下は砂場遊びの約束と同じ。

3. 子どもは風の子、風と遊ぼう

　子どもはどんなに寒い時も、外で走ったり身体を動かして遊ぶのが好きである。外へ出たがらない子も、楽しい遊びがあれば外へ飛び出していく。自然の風に乗せて走るとくるくる回るのが楽しい風車を作り、風と遊んでみよう。身近な素材で簡単にできる。特に冬場に取り組めば、走ることでよく回ることがわかり、運動量も多くなる。

1 うずまきたこ

素　　材：色ケント、たこ糸、はさみ、セロテープ

作 り 方：
①色ケントをうず巻き状に切る。
②中央部に糸を固定する。
③うず巻きが長すぎると走る時に踏んでしまうことがある為、あまり長くしない。
④螺旋の巾も細いと切れやすいので、太めで短いうず巻きがよい。

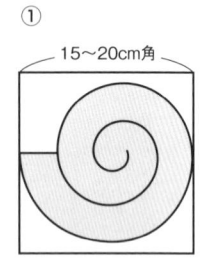

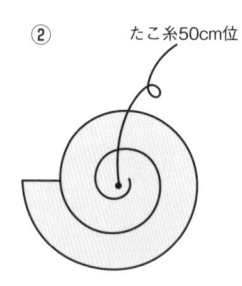

NOTE

2 くるくるロケット

素　　材：コピー用紙程の張りのある紙（ケント紙では少し重い）、たこ糸、はさみ、セロテープ

作 り 方：
①半円形に用紙を切る。
②円周に切り込みを入れ、同方向に三角に折り立てていく。
③中央内側に糸をしっかり固定する。
④円錐形にまるめてセロテープで内外を留める（三角の羽が外側となるよう）。
⑤自分のものと分かるよう色をつけたりシールを貼ったりすると、回る時に色が変化するのが楽しい。
⑥糸はいずれも50cm位がよい。

① 5cm間隔　4cm〜　14cm　〜30cm
② 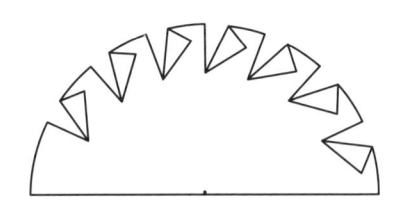
③ 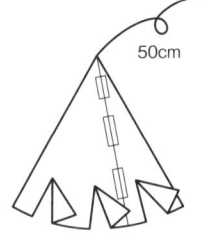 50cm　2cm位重ねて
④

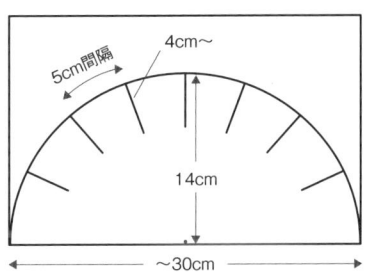

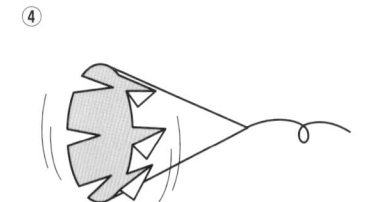

遊 び 方

①手は斜めに上げて走る。
②他の子とぶつからないよう、周りに気をつけて走る。
③大勢の時は走る方向を一方にしておく。

NOTE

第2節　身近な自然の中で遊ぶ

1. 地域の散歩に出かけよう

　毎日を森の中へ出かけて過ごすというデンマークの「森の幼稚園」は、園舎を持っていない。そこでは、幼い頃から自然に触れ、自然の中で伸び伸び遊ばせたいとの親の願いからはじまった（1950年代）。そしてドイツ・北欧の国でも拡がり、今では日本の各地で取り組みがされている。また、園内に築山・芝生・畑や木々のスペース、ビオトープなどの自然環境を取り入れている園も増えてきている。しかし多くは、園内の自然が限られているのが実情である。それなら、園の周辺の地域に子どもを連れ出してみるとよい。車で通り過ぎていては気づかない道端や、家々の庭でも四季を知らせる草花に出会うことができる。現代、子どもの生活の中で"歩く"ことは極端に減っている。歩くことは人としての基本的な移動行動であり、その生涯にわたる健康の土台ともなる。歩くことが好きな幼児の時期にこそ、しっかりとつけたい力である。園から歩いて出かけることで、小さな自然の発見や、季節を知ることができ、さらに地域について知ったり、地域の人に声をかけたり、かけられたりする出会いやつながりを広げていく機会ともなる。ただ漫然と歩くだけでなく、「今日は○○ちゃんの家まで行こうね」「小学校までにしようか」「○○公園で鬼ごっこして遊ぼう」など目的を持たせるとよい。また公共の場でのマナーや交通安全についても伝えるよい機会となる。

2. 公園の自然を探して

　公園の環境にもいろいろあるが、できれば遊具がないか、少ない公園を探して出かけたい。草が繁り、木が植えられ、広場もある公園を見つけよう。子ども達は広場で遊んだ後、きっと隅っこの木の根元や草むらに行っていろいろな虫を見つけることができる。「自然というのは単に木や水があればよいというのではなく、そこに生物が生活していなければならないし、その生物との関係こそが、自然あそびであると言うことができる」（仙田,1992）。野原と言えるような空間や田、畑があれば、"草花あそび"も伝承したい遊びである。

3. 神社の境内で遊ぶ

　神社の境内は、特に人々の集まる場や祭りの場、日本の文化や伝統を残した遊べる広場や自然が多く残された場である。古木の根元で虫を探したり、池で落ち葉を浮かべたり、珍しいものの発見や日常と違うものとの出会いは、子ども達の好奇心や探究心を大いに引き出していく。"ネイチャーゲーム"（P144）を取り入れるのも楽しい。

　年長児はジャンケンしながら「グーだからグリコ」「パーで勝ったよ、パイナツプル」「チョキでチョコレート」と石段で遊び始める。

　地域、公園、神社は公共の場でもあるので、次のことに注意したい。

　　約　　束　：①むやみに大声をあげたり騒いだりしない。
　　　　　　　　：②地域の人に出会ったら、挨拶する。
　　　　　　　　：③保育者の目の届く所、声の聞こえる所で遊び、いろいろな所へ入り込まない。
　　　　　　　　：④触れたり動かしたりしてはいけない物、場があるので、保育者は子どもに、危険な物があること、皆で使う神聖な場であることを話しておく。
　　　　　　　　：⑤ゴミを出さない、出したゴミは持ち帰る。

留意点：①予め神社を使う許可を得ておくことも必要な所がある。
：②地域、公園、神社までの道や道路事情などを下調べし、地図を作っておくとよい。
：③園外へ出る時は、どんな場合も、子どもの体調など、いつもより十分に見ておく。
：④付き添う保育者は必ず複数で行く。
：⑤出かける時、現地、帰園する時に人数確認をする。
：⑥迷惑行為、危険行為は絶対にしない。
：⑦救急バックを携帯し、傷などの応急処置ができるようにする。

第3節　野原・里山の自然の中で楽しく遊ぶ

1. 園外保育に出かける

どこの園でも、年に何回かの遠足が計画されるが、その行先に、自然がいっぱいある場所を選んでみてはどうだろうか。里山や雑木林、森林に続く自然歩道、そして幼児が登れる山など、意識して探せば、そうした所は日本には多く残っている。本園では、毎月のように山の近くや麓までは園バスで行き「自然の中で遊び、自然と仲良しの子となろう」をテーマに取り組んでいる。その実践例を紹介する。

1 芝生で遊ぶ

年長児が、広い芝生に着いたとたん裸足になって走りまわるのを見て、靴を脱ぐことや芝生の感触に抵抗があった年少児はいつの間にか遊び出せる開放感が芝生にはある。用意するものは、その場でふくらませるビーチボール、大縄とびや綱引きに使えるロープがあればよい。また、子どもが折った紙飛行機を持って行って風にのせて飛ばすのは、爽快な遊びである。走る、転がる、跳ぶ、はねる、でんぐり返しをするなど、全身で柔軟な動きをしている子ども達に教えることは何もない。保育者もひたすらその動きに合わせて一緒に遊び込みたい。

留意点：①下見の段階で予め芝生の状態を見ておく（芝刈り日、除草剤散布後は避ける）。
：②広さにより、声が届く範囲で遊ぶことを約束しておく。
：③芝生からはずれ、周りの草むらなどにいる子も常に視野に入れておく。
：④季節や植生によっては蜂、蛇などの害虫もいることを知っておく。

2 探検ごっこ

　進む道々に探索や発見などの楽しみを加えて、里山や雑木林や森林の中で遊んだり、歩くことを主として計画する。幼児の特徴でもある好奇心、冒険心を揺さぶり楽しめる行程を計画する。林の中には珍しいもの、不思議なものがいっぱい隠れているらしいよと話し、出かける前に森林や自然をテーマにした絵本を読み聞かせ、導入をしておくと、見たがりや知りたがりやの子どもの興味・期待・想像力を一層ふくらますことができる。

表 -1　森や林に入る前に読み聞かせたい絵本

書　名	著　者	出版年	出版社
もりのなか／またもりへ	マリー・ホール・エッツ（文・絵）,まさきるりこ（訳）	1963/1969	福音館書店
わたしとあそんで	リー・ホール・エッツ（文・絵）,よだじゅんいち（訳）	1968	福音館書店
てぶくろ	エウゲーニー・M・ラチョフ（絵）,内田莉莎子（訳）	1965	福音館書店
もりのかくれんぼう	末吉暁子（文）,林明子（絵）	1978	偕成社
ふゆめがっしょうだん	長新太（文）,冨成忠夫（写真）,茂木透（写真）	1986	福音館書店

　小川の砂地に足跡を見つけて子ども達は、口々に「ヘビのしっぽのあと」「かえるだよ」「大きいからぞうだぁ」このあたりにいのししもいるらしいことを聞くと「うん、きっとイボいのししが水のみに来たんだよ、のどが渇いたって」と年中児達の推測と想像が広がる。

　奥深そうなくぼみを崖に見つけると「おーい出ておいで、一緒にお弁当食べようよ」「これイボいのししの家だよ、『てぶくろ』ごっこして遊ぼうよ」と呼びかけ、お話の世界で遊ぶことのできる年少児である。

　子どもからの質問に答えることが必要な時もあるが、教えたり答えをすぐに出さず、共感したり手がかりを伝えたりする応答に心掛けたい。そこでは、子ども達の奇想天外で豊かな空想の世界を共に楽しむことができる保育者の感性が求められるのである。

森の約束：①ここは生き物たちの暮らす所であること。
　　　　　：②木や実、虫は採ったりせずそのままにする。
　　　　　：③保育者の姿が見え、声が届く範囲で遊び、一人で、はずれたり脇道に入り込まない。
　　　　　：④棒を振り回したり、石や物を投げたりして自然や他の子を傷つけたりしない。
　　　　　：⑤かぶれる木などに触らない。

3 落葉で遊ぶ

秋には、雑木林の落葉で遊びができる。探検ごっこの終わりでも楽しめる。約束は乾いた落葉を使うこと。砂や木の枝などが混じったものは投げないことなどを確認して、子ども達に自由に遊ばせる。ガサゴソ音を楽しんだり、投げ合って浮遊するのを見たり、そのうち「お風呂だ」ともぐったり、「むっくり熊さんぐうぐうぐう」と寝そべって林の様子を下から見上げさせてみたい。木々の枝やそこから見える青い空は子ども達の幼き日の原風景の一つになる。かたわらでは、葉の形を見立てて、グー、チョキ、パーで遊ぶ子もいる。また、園に帰ってから見つけた葉っぱの印象と感動を絵で表現する子もいる。

4 親子でウォークラリー

これは"歩く"ことを主としながらも、自由な探検ごっこをさらに一歩深めた"歩く"スポーツの一種である。地図で道をたどったり、途中の問題などに答えたりするために、幼児だけでなく親子で一緒に歩くという一味を加えてみたい。子どもも、大人も今は歩くことが減っている。"父の日"などを口実に、赤ちゃんから祖父母までの家族参加で5月から6月初めの頃の日曜日に一つの行事として行ってみるのはどうだろう。

歩きながらの森林浴、親と子の違った目線、視野からの発見をし、ポイントにあるクイズに親子で考えて答えを出し合ったりして進む。日頃接触の少ない父親に、小さかった頃の遊びや出来事などを話してもらうなど、コミュニケーションをとりながら歩いてもらうとより楽しいものとなる。集合場所からスタートして一定ゴール地点までのコースの所要時間は年齢によるが、少なくても40分から1時間ほどの行程を取りたい。

この企画では予め、園便り等でこの日の主旨、意味、予定、内容、お願い事項、注意等を知らせておく必要がある。場所としては家族が加わり多人数となるので、県などが所有する大きな自然環境の多い公園などでいろいろなコースが取れるとよい。現地集合、解散とすると、駐車場のことも考えておく。

留意点　：①前日までに予め各コースの下見をし、内容、進行、注意箇所など職員で十分検討しておく。
　　　　　：②一般解放の公園なので、当日の届出をし、注意事項等を打ち合わせておく。
　　　　　：③家庭へも上記の内容に加え、コース、地図、ポイント地点なども知らせておく。
　　　　　：④コースなどに慣れていない家庭もあると思われるので、コース、ポイント地点に人的配置や矢印、案内図、注意事項も設置する。

: ⑤自然、公共の場としてマナーを守り、子ども達のお手本となる行動をとることを徹底しておく。
: ⑥保育者はそのクラスの列の前後で共に歩き、それぞれの家庭や親子の様子を見たり、日頃は接触の少ない親と話す機会ともなる。

2. 野山の運動遊び

　幼児期の子ども達は、もっと大きくなりたい、ぼくもできるようになりたい、わたしもやってみたいという気持ちを常に持ち、失敗にめげず、できるまで何度も繰り返す姿がある。それは自然の中でも大いに発揮されるのを見ることができる。
　自然が自分を快く受け入れてくれる感覚に、身も心も解放させ、それに身をゆだねながら、挑戦する子ども達、そして自然もまたそれを励ますかのような優しさと厳しさを持って受け入れてくれるのである。

１ 斜面・崖登り

　雑木林や林には、たくさんの斜面や崖、段差があるが、特に畑や里山に続く雑木林は人の手も加わり、下草や下枝が払われており、子ども達が遊ぶのには安全でかつ楽しい自然空間である。少し回り道すればゆるやかな小道があっても、斜面や崖に挑戦している友達の様子を見て刺激され、後に続く子が増えていく。
　一人一人の手の置き方、足の踏ん張る位置や力の入れ方が違うため、順序立てて教えたりはできない。ただひたすらその子が次の一手、ひと足をどう出してくるかを側面から、または下から上から見守るばかりである。子ども達はずるずるすべり落ちるからだのバランスを立て直しながら、次に手と足をどう動かすかの判断と選択をしている。そして思い切って手を伸ばし、足を踏ん張って、自分のからだを押し上げていくことを瞬時に決断し登っていくのである。
　ちょっと難しそうだし怖いなと思いつつも、"登ってみたい"という思いに突き動かされ、挑戦していく。この決断を鈍らせないよう保育者は、安全を確保しつつ手がとっさに差し延べられる距離で見守っていきたい。
　保育者が手を出しすぎると力を抜いてしまう様子が見られるので、危ないと思う時だけ、「この木つかんで」「その根っこに足のせて」と安全を見極めてコツを伝えるに留める。また手がかりのない所には、上の太い木にロープをかけ、それを伝って登れるような工夫もする。こんな時、先に登った子が次の子が来るのを待って、時には手を引っ張ったり、押し上げている様子が見られる。自然の中での子どもの心のゆとりが優しさを生み出すからであろう。

2 木登り

　どの子にも一度は経験させてみたいのが木登りである。まず保育者が登ることのできる木を見つけておく。高い所に登ってみたい要求は子どもには特に強い。

　全身を使って登りきった達成感と共に、いつもは見上げている木の、高い所から自分が見下す快感や風景の見え方の違いに感動するのである。視野が変化し、今まで見えなかったものが見えたり、違って見える満足感があるのだろう。

　登るという行動は同じだが、園庭の登り棒と違い、太さも間隔も異なり、不規則な枝ばかりの木をよく見ながら木と相談するようなつもりで足をかける所を探し、登る先の枝を手で探って登ることが求められる。

　斜面・崖登りと同じように、保育者はコツを伝えることはあっても、見極め、判断し実行するのは、その子自身の決断にかかっている。

　保育者は、子どもの視野が届かない枝や危険が予想されるような時に対応できるようにして、口出し、手出しはあまりせず、枝や手足の動きには注意し、励まし、登り切った時には共感し合いたいものである。

3 山登り

　年長児の３月、"お別れ遠足"として山登りに挑戦してみたい。山によっては、自然歩道が通っていて比較的登りやすい山、岩や木の根がごつごつした山とさまざまであるが、登りは子どもの足で１時間半程かけ、下りは40分〜１時間までの高さ（距離）の山を選ぶ。

　できれば頂上からの展望がひらけ、遠くに街などが見渡せる山だとよい。途中で数回の小休憩をとり、水分補給もして子どもの体調、安全に気配りしながら進めたい。平坦な道が続けば歌ったり、自然の発見などしながら行けるが、黙々と山の音を耳にしながら登るのもよい。

　園生活最後の機会でもあるので、10人程のグループに１〜２名の保育者が付けるよう少・中組の担任も参加する体制が望ましい。一つの山を登りきったことが快く、自信につながるように企画したい。

留意点

①長袖、長ズボン、帽子、履き慣れた脱げにくい靴で出かける。
②リュックにお弁当、水筒、ウィンドブレーカー、タオル、ビニール袋を用意し、手に物を持たない。
③前夜十分睡眠をとり、体調を整えて臨む。
④足元をよく見てぐらつく石や水溜り、湿ってすべりやすい道は避ける。
⑤前の人を追い抜いたり、押したりしない。山で会った人に挨拶をする。
⑥両手に棒など物を持たず両手を空けておく。
⑦上から石や木を落としたり投げたりしない。
⑧気分が悪くなったり傷をした時はすぐに近くの先生に言う。自然の中でのマナーは前述と同じである。

おわりに

　アメリカのコーネルによって始められた「ネイチャーゲーム」（Cornell,1986）は日本でも訳され、今では各地域や団体によって取り入れられ、広がっているものである。直接自然に触れながら、感覚を使い体験をする中で、自然の美しさや不思議さに気付き感動を分かち合おうとするもので、自然の中での多様なプログラムを持ち、指導員の養成もされている。「地球上に住むすべての人々が自然との一体感を得ること」（降旗,1992）をテーマとしている。

　この章で取り上げた、園内、地域、野山・里山の遊び、活動の中でも、ゲームの形はとらなくても、自然な形で取り入れていくことができる。例えば、「春を探そう」をテーマとし、春の草花や香りを見つける。「森や林の声を聞いてみよう」と鳥の声や葉ずれの音に耳をすまし、また静けさも感じ取ることや、「秋の色や形を見つけよう」と落葉を集め造形を楽しんだりできる。「おもしろい顔に出会おう」と雑木林で木々の芽吹きや木肌、枝からいろいろな表情の見立てや言葉集めもできる。この会に指導員がいるように、大人も子ども達と共に五感を研ぎ澄まして、自然に接し共感し合える感性を持って臨みたいものである。

　あと一つ、スウェーデンで取り組まれている5・6歳児対象の都会型の一般的な保育園と、一年のほとんどを野外で過ごす、野外保育園の子ども達の毎日の生活や遊びを比較調査し、その結果から書かれた本から紹介する（岡部,2007）。一般的な園の子に比べて、野外保育園の子ども達はバランス能力、敏捷性、柔軟性、調整力に優れ、病欠する子も少なく、健康的に優れていること。また遊びも多様で、創造力、好奇心、忍耐力に優れ、集中力が高いという結果を示した。参考にしたいことである。今、地球、人類にとって大きな課題ともいえる、地球環境、自然破壊等々にも関心を寄せ、子ども達に豊かな自然環境を残し、出会わせる機会を用意していくことが、大人の役割として大切ではないだろうか。

　「子どもたちが出あう事実のひとつひとつが、やがて知識や知恵を生みだす種子だとしたら、さまざまな情緒やゆたかな感受性は、この種子をはぐくむ肥沃な土壌です。幼い子ども時代は、この土壌を耕すときです。」と、「センス・オブ・ワンダー」（Carson,1991）のことばを心に刻んで、子どものこころとからだを自然の中へ解き放ちたいものである。

NOTE

資料1　　　　　　　　　　**幼児の運動能力測定 実施要項**

測定に際して、次の点に注意してください

1. 導入・動機づけを十分に行い、やろうとする意欲を持たせてください。
2. 周りの子どもに、応援させてください。
3. 幼児の疲労に留意し、1日に実施する種目を考慮してください。
4. 幼児に対して怒ったり、急がせたりしないように注意してください。
5. 全種目とも、テストの要領を理解させるために練習を1～2回行わせてください。
6. やむを得ない場合を除き、全種目を測定してください。
7. 測定結果は、同封の記録用紙に記入してください。

1. 20m走　（1回測定。1/10秒単位で記録。）

　準　備　　ストップウォッチ2個・スタート旗

1) ラインを図のように引く。
2) 同程度の速さと思われる2人で走らせる。
3) スタートさせる保育者の合図に合わせて、後ろの保育者が背中を軽く押してやる。
4) 計測のタイミングは、身体の一部がゴールラインに達したとき。

※ 風の強い日は避けて実施する。

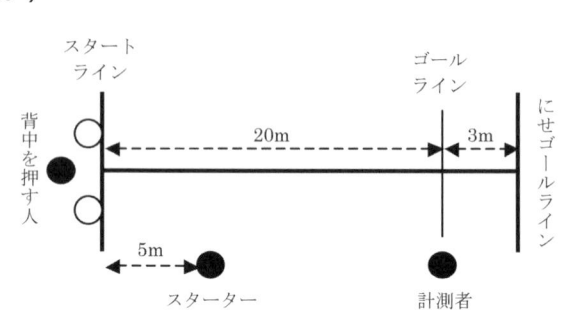

2. 立ち幅跳び　（2回測定。良いほうをcm単位で記録。）

　準　備　　メジャー

1) マットの上か、滑らない床の上で測定する。
2) 両足で跳ばせ、つま先から かかとまでの最短距離を記録する。
3) 2回跳ばせ、良いほうを記録する。

3. テニスボール投げ　（2回測定。良いほうを10cm単位で記録。）

　準　備　　硬式テニスボール・メジャー

1) メジャーを中央に置く。
2) 連続して2回、オーバーハンドで投げる。

※ 中央から大きく外れた場合は、やり直してよい。

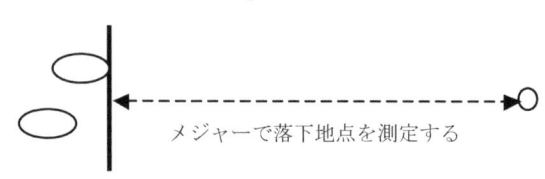

4. 反復横跳び　（2回測定。良いほうの回数を記録。）

　準　備　　ストップウォッチ

1) 床に50cmのラインを引く。
2) 両足をそろえ、反復横跳びをできるだけ早く繰り返す。

※ 1回の測定時間は5秒間。

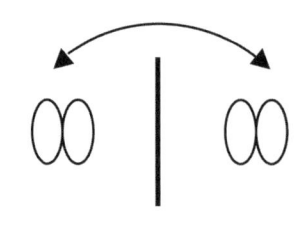

5. けんけん跳び （1回測定。m単位で記録。）

準備 ストップウォッチ・メジャー

1) 図のように、メジャーを20mのばしておく。
2) 20mの距離をけんけんで往復させる。
3) m単位で記録し、50m以上は打ち切りとする。
※ バランスを崩した程度で足がついた場合は、続けさせてよい。
※ 途中で足を変えてはいけない。

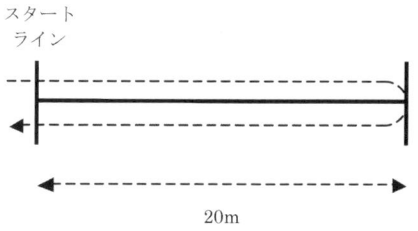

6. 縄跳び （2回測定。良いほうの回数を記録。）

準備 縄跳び

1) 自分で縄を前に回しながら跳ぶ。(後ろでも良い。)
2) 縄が足の下を通過した回数を記録する。
3) 10回で打ち切りとする。

7. 懸　垂 （1回測定。秒単位で記録。）

準備 ストップウォッチ・幼児のぶら下がれる鉄棒やうんてい

1) 高鉄棒・うんていに、腕を伸ばしてぶら下がる。
2) ぶら下がっている時間を、秒単位で記録する。
3) 2分で打ち切りとする。

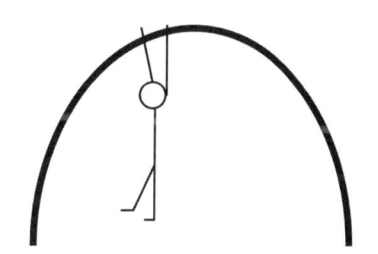

8. 片足立ち（開眼） （1回測定。秒単位で記録。）

準備 ストップウォッチ

1) 両手を少し横に広げ、片足で立たせる。
2) 反対の足は軽く曲げ、支持足から離して良い。
3) 上げた足が地面に着くか、大きく場所を移動したときまでの時間を計る。
※ はだしで行う。(靴下ははいていても良い。)
※ 60秒で打ち切りとする。

9. ボールつき （2回測定。良いほうの回数を記録。）

準備 周囲50cm程度の弾むボール

1) 直径1.5mの円の中で、ドッジボールをつかせる。
2) 片手でボールをつく。ボールが円から出てはいけない。
※ 30回以上は打ち切りとする。

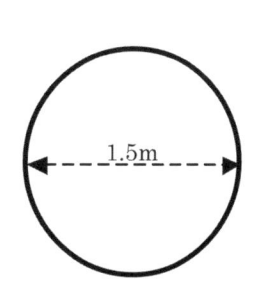

10. とび越しくぐり （1回測定。1/10秒単位で記録。）

準備 ストップウォッチ・フラッグスタンドまたはコーン・ゴムテープ

1) ゴムテープを5回とび越してくぐる。そのタイムを記録する。
2) 用意の合図でスタート位置に立ち、ドンでスタートする。
3) ゴムテープを片足踏み切りで跳び越え、すぐに床に手を着いてテープをくぐり抜ける。
   すぐに次の「とび越し」と「くぐり」を連続し、この間スタート地点に戻らない。
4) 5回目の「とび越し」と「くぐり」を終えたら、スタートラインまで戻る。

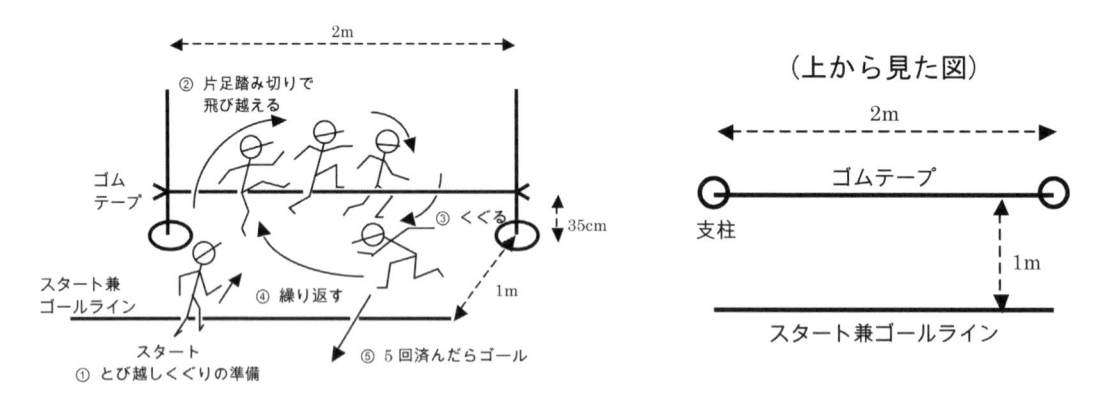

実施上の注意

① 屋内・屋外のどちらで行っても良いが、屋外では危険がないように注意する。
   また、コンクリートの上では実施しない。
② 実施要領は保育者がやって見せ、子どもに1～2回練習させてから行う。
③ 測定は複数の保育者で行うことが望ましい。1人の場合は、支柱が倒れないようにゴムテープの
   片方を固定物に結び、片方を支えておくと良い。
④ ゴムテープに身体が接触・引っ掛かっても良いが、故意にゴムテープを持ち上げないように注意する。
⑤ 床とゴムテープの高さは、年少組30cm・年中組33cm・年長組35cmとする。

以下の測定項目は、2回のうち1回できれば○、できなければ×、
判断に迷うときは△を記入する。

11. 逆上がり

準備 低鉄棒

1) 幼児のできる高さで、逆上がりをする。
2) 幼児の胸くらいの高さの鉄棒が適当である。

12. テニスボールの的当て

準備 硬式テニスボール・直径 60cm の的

1) 硬式テニスボールを使用する。
2) 床から高さ 1m、直径 60cm の的に当てる。
3) 的から 3m 離れて、上手投げで行う。

13. 転がりボール蹴り

準備 周囲 50cm 程度のボール

1) 幼児から 3m 離れた保育者が、幼児に向かってゆっくり転がしたボールを蹴らせる。
2) ボールをうまく蹴り返したら○。動いて蹴っても良い。
3) どちらの足で蹴っても良いが、横や斜めにボールがそれた場合は△。

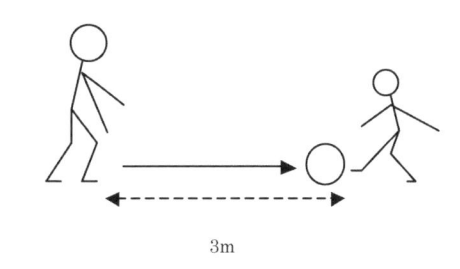

14. テニスボールの両手受け

準備 硬式テニスボール

1) 幼児から 3m 離れた保育者が、幼児の胸にゆっくりと下手で投げる。
2) 幼児が両手で受けた場合は○。
3) 腕と胸で受けた場合は△。

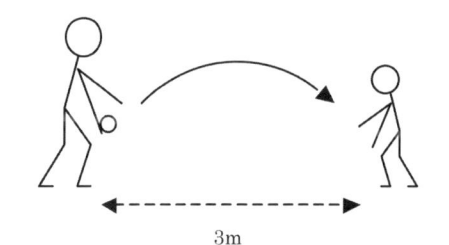

15. でんぐり返し

準備 マット

1) マットの上で前転させる。
2) 斜め前方に転がったら△。

16. 開脚とび

準備 幼児用の跳び箱

1) 跳び箱の上を、脚を開いてとび越させる。
2) 跳び箱の上にまたがったら△。
3) 跳び箱の高さは、もっとも跳びやすい高さで良い。

（勝部・原田ら,1969 測定法より一部改変）

資料2　**幼児の生活習慣・リズム・環境等に関する調査票（保護者対象）**

　この調査の目的は、幼児の生活リズム・習慣・環境の実態を知り、健康指導の基礎資料とするものです。資料は統計的に処理し、目的以外には使用致しません。できるだけありのままをご記入下さい。
もし、お答えしたくない質問がありましたら空欄のままでも結構です。
　ご記入に際しては、平日の天気のよい日を基準にして、当てはまる番号に○印、または数字等の記入をお願い致します。
　ご多忙中の所、主旨をおくみいただき、ご協力をお願い致します。

子どもの発育発達研究会
代表　穐丸　武臣（名古屋経営短期大学）

記入日（平成　　　年　　　月　　　日）　　　園児番号（保育者が記入します）（□□□□□）

1. 記入者　（1. 父親　2. 母親　3. 祖父　4. 祖母　5. その他）
2. 園児の性別　　（1. 男児　2. 女児）
3. 園児の生年月日（平成　　　年　　　月　　　日）
4. きょうだいの数は何人で何番目ですか（　　　人）で（　　　番目）
   （一人っ子の場合は　1人で　1番目と記入してください）

A. お子様の生活リズムについておたずねします。

1. いつもは何時何分ごろに起きますか　（午前　　　時　　　分ごろ）
2. いつもは何時何分ごろに床につきますか　（午後　　　時　　　分ごろ）
3. 朝食はいつも何時頃で何分ぐらいかけますか　（午前　　　時　　　分ごろで　　　分間ぐらいかける）
4. 登園のために家をでるのは何時何分ごろですか　（午前　　　時　　　分ごろ）
5. 通常の交通手段による通園時間は　（徒歩で約　　　分間、通園バス・自動車・自転車・などで約　　　分間）
6. 通常の降園の時刻は　（午後　　　時　　　分ごろ）
7. 降園後、日没までに外で何時間何分ぐらい遊びますか　（　　　時間　　　分ぐらい）
8. 降園後、日没までに家の中で何時間、何分ぐらい遊びますか（テレビを見るなども含む）
   （　　　時間　　　分ぐらい）
9. 降園後、外遊びは主にどこでしますか、よく遊ぶ場所、全てに○をつけてください
   （1. 公園　2. 空き地　3. 家の庭先　4. 道路　5. 川・用水路　6. 田んぼや畑　7. 寺社の境内　8. その他）
10. 夕食の時間は何時ごろで何分ぐらいかけますか　（午後　　　時ごろで　　　分間ぐらい）
11. 平日はテレビ・ビデオ・DVDを1日に何時間ぐらい見ますか　（　　　時間　　　分ぐらい）
12. 休日にテレビ・ビデオ・DVDを1日に何時間ぐらい見ますか　（　　　時間　　　分ぐらい）

B. お子さんの朝の生活習慣についておたずねします。

1. 朝、起床した時の様子はどうですか
   (1. 自分で起き、機嫌がよい 2. 自分で起き、機嫌が悪い 3. 人に起こしてもらい、機嫌がよい
   4. 人に起こしてもらい機嫌が悪い)
2. 朝の挨拶は （1. 毎日する 2. しないときがある 3. しない）
3. 洗面は （1. 毎日する 2. しないときがある 3. しない）
4. 歯磨きは （1. 毎日する 2. しないときがある 3. しない）
5. 朝食は （1. 毎日食べる 2. 食べないときがある 3. 食べない）
6. 登園前の大便は （1. 毎日する 2. しない時がある 3. しない）
7. 朝の食欲は （1. ある 2. むらがある 3. ない ）
8. いつもの朝の主食はなんですか （1. ご飯 2. 食パン 3. コンビニ食（おにぎり・調理パンなど） 4. その他）
9. 朝食はいつも誰と食べますか
   (1. 家族全員で 2. 母と 3. 父と 4. 兄弟だけで 5. 一人が多い 6. 祖父母と 7. その他)
10. 朝食しながらテレビを見ますか （1. 毎日見る 2. 時々見る 3. 見ない）
11. 衣服の着替えは （1. ほぼ自分でする 2. 誰かに手伝ってもらう 3. ほとんど誰かに着替えさせてもらう）
12. 登園の様子はどうですか （1. 毎日喜んでいく 2. 時々いやがる 3. いつもいやがる）

C. お子さんの降園後の生活習慣についておたずねします。

1. 習い事または塾等に行っていますか （1. 行っている （週に何日　　　日） 2. 行っていない）
   1. の回答の方、どんな塾ですか （1. 水泳・体操等 2. ピアノ・エレクトーン等 3. 習字・絵画等
   4. 算数・英語等 5. その他）
2. 帰宅後おやつを食べますか （1. 毎日食べる 2. ときどき食べる 3. 食べない）
   1または2と回答された方、それは、どういう種類のおやつですか、最も多いものを以下から3つ選んで下さい
   (1. ガム・チョコ・アメ類 2. パン・ケーキ類 3. めん類 4. ジュース類 5. アイス・プリン類 6. 牛乳・乳製品
   7. 果物 8. スナック類 9. おにぎり、10. ファーストフード（ポテト・ドーナツ） 11. その他)
3. 現在、家庭で最も好んで遊んでいるものを3つ選んで下さい
   (1. 自転車・三輪車 2. おもちゃ・プラモデル類 3. テレビゲーム類 4. ままごと・人形遊び 5. 本読み
   6. 砂遊び 7. ボール遊び 8. 鉄棒・ブランコ類 9. ブッロク・積木類 10. 縄跳び 11. ぬりえ・お絵かき
   12. 鬼ごっこ等 13. その他)
4. お宅から最も近い公園等までの距離は何メートルぐらいですか （約　　　メートル）
5. 外遊びに行く途中は安全ですか （1. 安全 2. 少し危険 3. 危険）
6. いつも遊びに行く方法は何ですか （1. 徒歩 2. 自転車 3. その他）
7. お子さんの遊び場について （1. 非常に満足 2. やや満足 3. やや不満 4. 不満）
8. 近くに遊び友達は何人いますか （　　　人）
9. 降園後、どういう人とよく遊びますか、当てはまるもの全てに○をつけて下さい
   (1. 一人で 2. 母親と 3. 父親と 4. 兄弟と 5. 同年齢の子と 6. 年長の子と 7. 年少の子と
   8. 色々の年齢の子と 9. 祖父母と 10. その他)
10. お宅に次のような遊具がありますか、あるもの全てに○をつけて下さい
    (1. 積木等 2. ケン玉 3. 竹馬 4. コマ 5. ビー玉 6. メンコ 7. お手玉 8. おはじき 9. タコ等
    10. ボール 11. 縄跳び 12. その他)

D. お子さんの夕方の生活についておたずねします。

1. 夕食はいつも誰と食べますか （1. 家族全員で　2. 母と　3. 父と　4. 兄弟だけで　5. 一人が多い　6. 祖父母と　7. その他）
2. 夕食の食欲は （1. ある　2. むらがある　3. あまりない）
3. 夕食しながらテレビを見ますか （1. 毎日見る　2. 時々見る　3. 見ない）
4. 夕食の時、子どもと会話をしますか （1. いつもする　2. 時々する　3. あまりしない）
5. 遊び疲れて、ご飯も食べずに寝てしまうことがありますか （1. 週に1日くらい　2. 月に1回くらい　3. 年に数回程度　4. なし）
6. 夕食後の歯磨き(寝る前も含む) （1. 毎日する　2. 時々する　3. しない）
7. オヤスミの挨拶は （1. 毎日する　2. 時々する　3. しない）
8. 寝る前のおしっこは （1. 毎日する　2. 時々する　3. しない）
9. 寝つきはよい方ですか （1. 非常によい　2. ややよい　3. やや悪い　4. 非常に悪い）
10. 寝るときの状態について、よくするもの全てに○をつけて下さい
    （1. 何もせずにすぐに寝る　2. 本を読んでもらいながら　3. ぬいぐるみ等を持って寝る　4. 添い寝をしてもらって　5. テレビを見ながら　6. その他）
11. 誰と一緒に寝ますか （1. 一人で寝る　2. 母親と　3. 父親と　4. 祖父母と　5. 兄弟と　6. その他）
12. 夜泣きをしますか （1. いつもする　2. 時々する　3. しない）
13. 夜尿をしますか （1. いつもする　2. 時々する　3. しない）
14. 指しゃぶりをしますか （1. いつもする　2. 時々する　3. しない）

E. 家庭での保育についておたずねします。

1. 子どものしつけは主にどなたがされていますか （1. 母親　2. 父親　3. 父母が協力して　4. 祖父母　5. その他）
2. お子さんは何かお手伝いをしますか （1. 毎日手伝う　2. 時々手伝う　3. お手伝いはしない）
3. 家庭にゲーム機はありますか （1. ある　2. ない）
4. ゲーム機をどの様に使用させていますか
   （1. 子どもの自由に　2. 子どもが自分で規制するように指導している　3. 親が規制している　4. その他）
5. テレビ・ビデオ・DVDをどの様に観させていますか
   （1. 子どもの見たいものは自由に　2. 子どもが番組を選んで見るように指導している　3. 親が規制している　4. その他）
6. お子さんは、お父さんと良く遊びますか
   （1. 週に3，4日遊ぶ　2. 週に1，2日遊ぶ　3. 月に1，2日遊ぶ　4. 遊ばない）
7. お子さんは、お母さんと良く遊びますか
   （1. 週に3，4日遊ぶ　2. 週に1，2日遊ぶ　3. 月に1，2日遊ぶ　4. 遊ばない）
8. お父さんは子どもと遊びや運動することが好きと思われますか
   （1. 非常に好き　2. やや好き　3. どちらでもない　4. やや嫌い　5. 嫌い）
9. お母さんは子どもと遊びや運動することが好きと思われますか
   （1. 非常に好き　2. やや好き　3. どちらでもない　4. やや嫌い　5. 嫌い）
10. お父さんはスポーツや運動をどのように思っていると思われますか
    （1. 好きで得意　2. 好きだがあまり得意でない　3. どちらとも言えない　4. 好きでないが得意　5. 嫌いで不得意）

11. お母さんはスポーツや運動をどのように思っていると思われますか
    (1. 好きで得意 2. 好きだがあまり得意でない 3. どちらとも言えない 4. 好きでないが得意
    5. 嫌いで不得意)
12. お父さんは子どもとどのような遊びをしますか、よく遊ぶもの全てに○をつけて下さい
    (1. ボール遊び 2. 散歩 3. 鬼ごっこ 4. 相撲など 5. 縄跳び 6. 水泳
    7. トランプ・カード・ボードゲーム 8. 絵本 9. ごっこ遊び 10. お絵かきや折り紙 11. あやとり
    12. ゲーム機 13. その他)
13. お母さんは子どもとどのような遊びをしますか、よく遊ぶもの全てに○をつけて下さい
    (1. ボール遊び 2. 散歩 3. 鬼ごっこ 4. 相撲など 5. 縄跳び 6. 水泳 7. トランプ・カード・ボードゲーム
    8. 絵本 9. ごっこ遊び 10. お絵かきや折り紙 11. あやとり 12. ゲーム機 13. その他)
14. お子さんは家で活発に遊びますか (1. 非常に活発 2. やや活発 3. 普通 4. やや消極的 5. 消極的)
15. お子さんの体力をどう思われますか
    (1. 非常に体力がある 2. ややある 3. 普通 4. やや体力不足 5. 体力不足)
16. お子さんの体格をどの様に思いますか
    (1. 太りすぎ 2. やや太りすぎ 3. 普通 4. やや痩せ気味 5. 痩せすぎ)
17. お子さんの運動量をどの様に思いますか (1. 今のままで十分 2. やや運動不足 3. 非常に運動不足)
18. お子さんの出生時の体重は何グラムでしたか (g)、身長は何センチでしたか (cm)
19. お子さんの身体に何か特徴がありますか
    (1. 特になし 2. 下痢しやすい 3. 風邪をひきやすい 4. 鼻血がでやすい 5. 湿疹や化膿しやすい
    6. 車に酔う 7. その他)
20. 医者にアレルギー体質といわれたことがありますか (1. ある 2. ない)
    1と回答された方、その内容は (1. ぜんそく 2. アトピー 3. 鼻炎 4. 食物 5. 薬物 6. 結膜炎 7. その他)
21. お子さんは何でも食べますか (1. 何でもたべる 2. 少し好き嫌いがある 3. 好き嫌いがはげしい)
22. お子さんはかたい物を食べていますか
    (1. かたい物でも噛んで食べる 2. かたい物は噛まずに飲み込む 3. かたい物は食べたがらない)
23. お子さんのほ乳の方法は (1. 母乳 2. 人工乳 3. 混合乳)
24. お母さんは、子育てを楽しいと感じていますか
    (1. 非常に楽しい 2. やや楽しい 3. あまり楽しくない 4. 楽しくない)
25. お母さんは、子育てに追われて自分の時間がとれないことに不満を感じることがありますか
    (1. いつも感じる 2. 時々感じる 3. あまり感じない)
26. お子さんは、どの様に育って欲しいと思われますか、より近い項目の番号に○を3つけて下さい
    (1. 健康な子、強い子、たくましい子 2. 明るい子、伸び伸びした子 3. 思いやりのある子、優しい子
    4. 根気のある子、我慢強い子、忍耐強い子 5. 友達と仲良く出来る子 6. 自主的・自発的なやる気のある子
    7. 豊かな心の子 8. 社会性・協調性のある子 9. 創造力の豊かな子 10. 良く考えて行動する子
    11. 学力の高い子 12. その他)

大変お忙しいところご協力をいただきありがとうございました。

NOTE

引用・参考文献一覧

【第1章】
- 愛知県幼児教育研究協議会(2008)：協同的な活動を通して幼児期の「遊び・学び・育ち」を考える,愛知県教育委員会義務教育課.
- 穐丸武臣,野中壽子,他(2001)：愛知県における幼児の体格・運動能力の年代変化,名古屋市立大学人文社会学部研究紀要11号.
- 穐丸武臣・滝村雅人,他(1998)：保育制度改革にかかる保育者の課題意識に関する実態調査研究,名古屋市立大学人文社会学部研究紀要5号.
- 穐丸武臣(2007)：幼児体育指導者の資格創成・保育者養成の立場からの提言,子どもと発育発達 VOL5-1,杏林書院.
- 穐丸武臣,井狩芳子,他(2003)：幼児の心身を育てる遊び,主文社.
- 前橋 明(2007),コーチングクリニック,子育てと運動&スポーツ,ベースボールマガジン.
- 中村和彦・宮丸凱史(2000)：子どもの遊びの変遷と今日の課題,日本体育学会第大会号(51),P321
- 岡田英紀,仙田 満(2003)：都市変化における子どもの遊びの環境の変化に関する研究 －横浜市における経年比較調査－,都市計画論文集,61-66.
- 仙田 満(1998)：子どものための遊び空間,44-45,市ヶ谷出版社.
- 仙田 満(2007)：子どもの成育環境としての都市建築,学術の動向,38-40.
- 仙田 満(2008)：環境建築家の眼,岩波新書.

【第2章】
- 穐丸武臣,丹羽孝,他(2007)：日本における伝承遊びの実施状況と保育者の認識,名古屋市立大学大学院人間文化研究科『人間文化研究』7号.
- 穐丸武臣(2008)：伝承遊びを考える,子どもと発育発達 vol6-2,杏林書院.
- デビット・L・ガラヒュー(1999)：杉原隆監訳：幼少年期の体育,大修館書店.
- David L. Gallahue, John C. Ozmun(2003)：Understanding Motor Development: Infants, Children, Adolescents, Adults., McGraw-Hill Humanities Social, U.S.A.
- 藤原勝夫(2008)：運動・認知機能改善へのアプローチ,市村出版.
- 春日晃章(2009)：幼児期における体力差の縦断的推移：3年間の追跡データに基づいて,発育発達研究(41).
- 河田隆(2007)：幼児体育教本,同文書院.
- 半澤敏郎(1980)：童遊文化史 第1巻,東京書籍.
- J.ホイジンガ(1963)：高橋英夫訳『ホモ・ルーデンス』,中央公論社.
- 加古里子(2008)：伝承遊び考3 鬼遊び考,小峰書店.
- 笹間良彦(2005)：日本子どもの遊び大図鑑,遊子館.
- 上 笙一郎(2005)：日本の児童遊戯全25巻,クレイス出版.
- Kurt Meinel：動作学上巻(1980),萩原 仁・綿引勝美訳,新体育社.
- 子どものからだと心・連絡会議(2009)：子どものからだと心白書2009,ブックハウス・エイチディ.
- 前橋 明(2006)：幼児体育 理論と実践,大学教育出版.
- 正木健雄(2004)：脳をきたえる「じゃれつき遊び」,小学館.
- 宮丸凱史(1973)：幼児の基礎的運動技能におけるMotor Patternの発達 -2- 幼児のJumping Patternの発達過程,東京女子体育大学紀要8,40-54.
- 宮丸凱史(1975)：幼児の基礎的運動技能におけるMotor Patternの発達 -1- 幼児のRunning Patternの発達過程,東京女子体育大学紀要10, 14-25.
- 宮丸凱史,斎藤昌久,芦村義文(1979)：幼児の基礎的運動技能におけるMotor Patternの発達 -6- Catching Patternの発達過程,日本体育学会大会号(30), 378.
- 宮丸凱史(1980)：投げ動作の発達,体育の科学, 30, 465-471.
- 宮丸凱史,三宅一郎(1983)：幼児ボール投げとまりつきにおける動作様式の発達と練習効果,日本保育学会大会研究論文集(36), 130-131.
- 宮下充正(1987)：体育とは何か,大修館書店.
- 中村和彦,宮丸凱史(1990)：幼児の動作発達に関する研究(5)－まりつき動作の発達とその観察的評価について－,日本保育学会大会研究論文集(43), 486-487.
- 中地万里子(1988)：伝承遊び,平山宗宏編 現代子ども大百科,中央法規.
- Neil R. Carlson (2006)：Physiology of Behavior, 9th Edition, Allyn & Bacon.
- 日本スポーツ振興センター編(2008)：学校の管理下の災害－21－基本統計－,独立行政法人日本スポーツ振興センター.
- 日本赤十字社(2008)：「幼児安全法講習教本」日赤サービス.
- 野井慎吾(2007a)：からだのおかしさを科学する,かもがわ出版.
- 野井慎吾(2007b)：ここがおかしい子どものからだ,芽ばえ社.
- 小川 清実(2001)：子どもに伝えたい伝承遊び,萌文書林.
- 小川博久(2000)：伝承遊びとは何か,無藤 隆編著,新・児童心理学講座 遊びと生活,金子書房.
- R.カイヨワ(1970) 清水幾太郎、霧生和夫訳『遊びと人間』,岩波書店.
- 酒井 欣(2003)：日本遊戯史,第一書房.
- 白石 豊,広瀬仁美(2003)：どの子ものびる運動神経,かもがわ出版.
- 体育科学センター体育カリキュラム作成小委員会(1980)：幼稚園における体育カリキュラムの作成に関する研究I カリキュラムの基本的な考え方と予備的調査の結果について,体育科学(8),財団法人体育科学センター, 150-155.
- 高石昌弘(1981)：からだの発達 －身体発達学へのアプローチ－,大修館書店.
- 田中哲郎(2001)：新子どもの事故防止マニュアル,改訂第2版,診断と治療社.
- 山田 敏(1999)：遊びを基盤にした保育,明治図書出版.
- 山中龍宏(監)(1998)：子ども事故予防センター編：子どものケガ・事故＋予防・救急ブック,本の木.

【第3章】
- 青柳 領(2006)：子どもの運動発達と健康,ナカニシヤ出版.
- デビット・L・ガラヒュー(1999),杉原隆監訳,幼少年期の体育,大修館書店.
- 学校体育研究同志会編(1999)：種目別・年齢別指導 乳幼児の体育遊び,草土文化.
- 岩崎洋子(1986)：たのしい運動遊び,チャイルド本社.
- 岩崎洋子,吉田伊津美,他(2008)：保育と幼児期の運動あそび,萌文書林.
- 前橋 明(2004)：0～5歳児の運動あそび指導百科,ひかりのくに.

【第4章】
- 穐丸武臣,野中壽子,他(2001)：愛知県における幼児の体格・運動能力の年代変化,名古屋市立大学人文社会学部研究紀要11号.
- 穐丸武臣,井狩芳子,他(2003)：幼児の心身を育てる遊び,圭文社.

- 穐丸武臣，丹羽 孝，他 (2007)：日本における伝承遊びの実施状況と保育者の認識，名古屋市立大学大学院人間文化研究科『人間文化研究』7号.
- 穐丸武臣，渡邊明宏 (2008) 伝承遊び遊具の操作性，日本発育発達学会編，子どもと発育発達.
- 学校体育研究同志会編 (1995)：乳幼児の体育あそび，草土文化社.
- 半澤敏郎 (1980)：童遊文化史 第1巻，東京書籍.
- 磯谷 仁 (2003)：あそびの達人，静岡新聞社.
- 黒井信隆編 (1995)：体育あそび・ゲームワンダーランド，いかだ社.
- Kurt Meinel (1980)：動作学上巻，萩原 仁・綿引 勝美訳，新体育社.
- 向山洋一 (1997)：小学校の苦手な体育を1週間で攻略する本，PHP研究所.
- 中地万里子 (1988)：伝承遊び，平山宗宏編 現代子ども大百科，中央法規.
- 日本幼児体育学会編 (2008)：幼児体育（初級）理論と実践，大学教育出版.
- 日本幼児体育学会編 (2008)：幼児体育（中級）理論と実践，大学教育出版.

【第5章】
- 秋野勝紀・宍戸洲美，他 (2001)：子どものからだと心 健康教育大辞典，旬報社.
- 穐丸武臣，丹羽 孝，他 (2007)：日本における伝承遊びの実施状況と保育者の認識，名古屋市立大学大学院人間文化研究科『人間文化研究』7号.
- 荒木美那子，桐原由美編著，他 (2001)：幼児の楽しい運動学習 －運動遊びの発達と援助－，不昧堂出版.
- 馬場桂一郎 (2003)：3・4・5歳児組 発達にあわせてすぐ使える！楽しい幼児の運動遊び107，明治図書.
- グループこんぺいと (2006)：クラス担任のたっぷり外あそびBEST31，黎明書房.
- 半澤敏郎 (1980)：童遊文化史 第1巻，東京書籍.
- 羽崎泰男 (2002)：おにごっこ楽しく遊んで体力づくり，日本小児医事出版社.
- 羽崎泰男 (2006)：イラスト版からだあそび 子どもとマスターする46の体力づくり，合同出版.
- 石井美晴 (1997)：イラストで見る0〜5歳児のあそび いきいきボールあそび，学事出版.
- 三宅一郎 (2009)：運動発達の科学 幼児の運動発達を考える，大阪教育図書株式会社.
- 桝岡義明，西村誠，他 (2007)：伝承遊びとゲーム，朱鷺書房.
- 小川清実 (2001)：子どもに伝えたい伝承あそび 起源・魅力とその遊び方，萌文書林.
- 尾見敦子 (2001)：幼児教育におけるわらべうたの教育的意義，川村学園女子大学研究紀要12(2), 69-92.
- 大森隆子 (1989)：伝承遊び「あぶくたった」についての考察－保育のための教材研究試論(その3)，日本保育学会研究論文集42, 330-331.
- 白石豊・広瀬仁美 (2003)：どの子ものびる運動神経 幼児編 幼児期の運動100選，かもがわ出版.
- 豊田君夫 (2004)：楽しいおにごっこ78，黎明書房.
- 柳田國男 (1942)：こども風土記，朝日新聞社.

- 横山さやか (2001)：歌を伴う伝承遊びの実践に関する研究 －幼児の表現の特徴を中心に－，日本女子大学大学院紀要家政学研究科・人間生活学研究科7, 19-26.
- 横山さやか (2002)：わらべうたにみられる幼児の表現の特徴 －はないちもんめ・かごめかごめ－，日本女子大学大学院紀要家政学研究科・人間生活学研究科8, 41-52.

【第6章】
- 穐丸武臣，井狩芳子，他 (2003)：幼児の心身を育てる遊び，圭文社.
- 原田寿子 (1991)：子どもと運動あそび，不昧堂.
- 斉藤典子 (1976)：ベビースイミング，鷹書房.
- 斉藤典子 (1987)：ベビー&マタニティースイミング，実日新書.

【第7章】
- 穐丸武臣，井狩芳子，他 (2003)：幼児の心身を育てる遊び，圭文社.
- 羽崎泰男 (2006)：子どもとマスターする46の体力づくり，合同出版.
- 池田裕恵・高野陽 (2009)：子どもの元気を育む保育内容研究，不昧堂出版.
- 前橋 明 (2006)：運動あそび指導百科，ひかりのくに.
- 相模原市市民局市民活力推進部男女共同参画課 (2009)：お父さんといっしょ.

【第8章】
- 黒井信隆・編著 (2007)：軽度発達障がいの子を支援する体育遊び，いかだ社.
- 寺田恭子，寺田泰人 (2006)：養護学校へのダンス授業導入の試み（その1），名古屋短期大学研究紀要第44号.
- 寺田恭子 (1999)：障がいのある子どもたちのダンス活動，名古屋短期大学研究紀要第38号.

【第9章】
- 岩崎洋子，吉田伊津美，他 (2008)：保育と幼児期の運動あそび，萌文書林.
- 河田隆，古田瑞穂，他 (2007)：幼児体育教本，同文書院.
- きのいい羊達，落合英男 (2006)：運動会種目BEST，学習研究社.
- 前橋明 (2004)：0〜5歳児の運動あそび指導百科，ひかりのくに.

【第10章】
- ジョセフ・B・コーネル (1986)：ネイチャーゲーム1〜4，日本ナチュラリスト協会訳，柏書房.
- 加用文男 (2001)：光る 泥だんご，ひとなる書房.
- 河合雅雄 (1990)：子どもと自然，岩波書店.
- 岡部 翠 (2007)：幼児のための環境教育 スウェーデンからの贈りもの, p.53〜87, 新評論.
- 降旗信一 (1992)：自然案内人 ネイチャーゲームでつなぐ人と自然, p.8, ほるぷ出版.
- レイチェル・カーソン (1991)：センス・オブ・ワンダー，上野恵子 訳, p.23, 佑学社.
- 仙田満 (1992)：子どもとあそび 環境建築家の眼, p.21, 岩波書店.
- 小学館 (1996)：自然の学校－プロが教える自然遊び術 (Be‐pal outing mook), 小学館.
- 塩田谷斉・木村歩美 (2008)：子どもの育ちと環境 現場からの10の提言，ひとなる書房.

著者紹介

編著者

穐丸　武臣（名古屋経営短期大学　子ども学科）
花井　忠征（中部大学　現代教育学部幼児教育学科）

著　者

穐丸　武臣：編著者　　第1章（1・3）、2章（3・4・5）、第4章（5）、第5章（4）
安倍　大輔：埼玉純真短期大学　こども学科　　第3章（3）
井狩　芳子：和泉短期大学　児童福祉学科　　第7章
居崎　時江：東海学院大学　人間関係学部子ども発達学科　　第5章（1・2・3）
井筒　紫乃：帝京科学大学　こども学部児童教育学科　　第3章（1・2）
浮田　咲子：昭和学院短期大学　人間生活学科　　第3章（4）
酒井　俊郎：浜松学院大学　現代コミュニケーション学部子どもコミュニケーション学科
　　　　　　第2章（6）、　第4章（1・2・3・4）
寺田　泰人：名古屋経済大学　短期大学部保育科　　第8章（1）
寺田　恭子：名古屋短期大学　現代教養学科　　第8章（2）
斉藤　典子：サイトーアクアティックアカデミー／名古屋芸術大学非常勤　　第6章
竹川　雅子：瀬戸はちまん幼稚園　　第10章
田中　　望：愛知工業大学非常勤講師・愛知工業大学　経営情報研究科博士後期課程
　　　　　　第5章（3）
花井　忠征：編著者　　第1章（2）、2章（1・2）
山本　彩未：中部大学　現代教育学部幼児教育学科　　第9章
渡邊　明宏：名古屋学芸大学　ヒューマンケア学部子どもケア学科　　第2章（4）

幼児の楽しい
運動遊びと身体表現
めざせガキ大将

発　　　行	2010年 4月 1日　初　版　第1刷発行
	2019年 4月10日　　　　　　第3刷発行
編 著 者	穐丸 武臣・花井 忠征
著　　　者	安倍 大輔・井狩 芳子・居崎 時江・井筒 紫乃
	浮田 咲子・酒井 俊郎・竹川 雅子・寺田 泰人
	寺田 恭子・斉藤 典子・田中　望・山本 彩未
	渡邊 明宏
発 行 者	小森 順子
発 行 所	圭文社
	〒112-0014　東京都文京区関口 1 - 8 - 6
	TEL. 03-6265-0512　FAX. 03-6265-0612
編集・制作	（有）クリエイティブ ハウス ポケット
印刷・製本	恵友印刷（株）
	ISBN978-4-87446-073-3

日本音楽著作権協会（出）許諾第1005417-302号
（JASRAC）

（許諾番号の対象は、当該出版物中、当協会が許諾することのできる著作物に限られます。）

本書の無断複写・複製・転載を禁じます。

落丁・乱丁本はお手数ですが、上記までお送りください。弊社送料負担でお取り替えいたします。